ACCESO GRATIS ***a la Lectura en la Nube***

Para visualizar el libro electrónico en la nube de lectura envíe junto a su nombre y apellidos una fotografía del código de barras situado en la contraportada del libro y otra del ticket de compra a la dirección:

ebooktirant@tirant.com

En un máximo de 72 horas laborales le enviaremos el código de acceso con sus instrucciones.

MANUAL DE DERECHO CAMBIARIO

MANUAL DE DERECHO CAMBIARIO

GIOVANNY TÉLLEZ CANO

tirant lo blanch
Bogotá, 2024

En caso de erratas y actualizaciones, la Editorial Tirant lo Blanch publicará la pertinente corrección en la página web www.tirant.com.

Téllez Cano, Giovanny, autor
Manual de derecho cambiario / Giovanny Téllez Cano. – Bogotá: Tirant lo Blanch, 2024.
114 páginas.
Incluye referencias bibliográficas.
ISBN 978-84-1056-404-6

1. Cambio exterior - Aspectos jurídicos - Colombia 2. Regulación del comercio exterior - Colombia 3. Comercio exterior - Aspectos jurídicos - Colombia

CDD: 343.8610325 ed. 23 CO-BoBN– a1135280

Catalogación en la publicación – Biblioteca Nacional de Colombia

EDITA: TIRANT LO BLANCH
Calle 11 # 2-16 (Bogotá D.C.)
Telf.: 4660171
Email: tlb@tirant.com
Librería virtual: www.tirant.com/co/
ISBN: 978-84-1056-404-6
Si tiene alguna queja o sugerencia, envíenos un mail a: *atencioncliente@tirant.com*. En caso de no ser atendida su sugerencia, por favor, lea en *www.tirant.net/index.php/empresa/politicas-de-empresa* nuestro procedimiento de quejas.

Responsabilidad Social Corporativa: http://www.tirant.net/Docs/RSCTirant.pdf

Índice

CAPÍTULO 3.
ENDEUDAMIENTO EXTERNO Y AVALES Y GARANTÍAS

CAPÍTULO 4.
INVERSIÓN EXTRANJERA

CAPÍTULO 5.
CUENTAS DE COMPENSACIÓN

CAPÍTULO 6.
RÉGIMEN SANCIONATORIO CAMBIARIO

"A mis padres, mis primeros y más grandes maestros.

Y a mis alumnos del curso de Profundización en Derecho Cambiario del pregrado de Derecho de la Universidad de Antioquia, con quienes he transitado este laberinto durante los últimos años."

Introducción

Colombia cuenta con un régimen de cambios internacionales altamente regulado, situación que dota de especial complejidad las diferentes operaciones que involucren transferencias o pagos de divisas. Esto ha creado una disciplina transversal que abarca tanto las operaciones de comercio internacional como la inversión internacional, endeudamiento, entre otras operaciones; disciplina en la que la residencia es uno de los factores de mayor relevancia para establecer el modo de la canalización.

Con el fin de que el lector pueda tener una noción práctica de esta normativa altamente compleja se ha creado la presente obra, la que debe entenderse como un material básico y dinámico que busca una comprensión general de las diferentes operaciones, tanto de cambios como del mercado cambiario. Este libro cuenta con seis capítulos. En los primeros cuatro se exponen las operaciones de cambios y las operaciones del mercado cambiario, siendo estas últimas a las que más referencia se hace debido a su obligatoria canalización.

En el quinto capítulo se explica la naturaleza de las cuentas de compensación y parte de los procedimientos que acompañan a la canalización de las operaciones de cambios y del mercado cambiario por este medio. Y finalmente en el sexto capítulo son expuestas parte de las consecuencias derivadas del incumplimiento de la indebida canalización de las operaciones de cambios y del mercado cambiario, tanto las que son competencia de la Superintendencia de Sociedades como las que son competencia de la DIAN.

ABREVIATURAS

ABREVIATURA	EFINICIÓN
Banrep	Banco de la República
C. P.	Constitución Política de Colombia
CIF	Cost, Insurance and Freight
COP	Pesos Colombianos
D. C.	Declaración de Cambios
D. C. Endeudamiento	Información de datos mínimos para operaciones de cambio por endeudamiento externo (Declaración de Cambios)
D. C. Exportaciones	Información de los datos mínimos de las operaciones de cambio por exportaciones de bienes (Declaración de Cambios)
D. C. Importaciones	Información de los datos mínimos de las operaciones de cambio por importaciones de bienes (Declaración de Cambios)
D. C. Inversiones	Información de datos mínimos de las operaciones de cambio por inversiones internacionales (Declaración de Cambios)
D. C. Servicios y Otros	Información de datos mínimos de las operaciones de cambio por servicios, transferencias y otros conceptos (Declaración de Cambios)
DCIP 83	Circular Reglamentaria Externa DCIP 83 Junta Directiva del Banco de la República
DIAN	Dirección de Impuestos y Aduanas Nacionales
E. A.	Estatuto Aduanero
E. T.	Estatuto Tributario
EXW	Ex Work
F. 10.	Formulario n.° 10. "Relación de operaciones cuenta de compensación"
F. 6.	Formulario n.° 6. Información de endeudamiento externo otorgado a residentes
F. 7.	Formulario n.°. 7. Información de endeudamiento externo otorgado a no residentes
FOB	Free on Board
IMC	Intermediario del Mercado Cambiario
Incoterms	Términos de Negociación Internacional
IPEXT	"Reporte Estadístico de Inversiones de Capital del Exterior de Portafolio en Colombia"

N.C.	Numeral Cambiario
NIT	Número de Identificación Tributaria
R. E. 01 de 2018	Resolución 01 de 2018 Junta Directiva del Banco de la República
RNVE	Registro Nacional de Valores y Emisores
SEC	Sistema Estadístico Cambiario
SEDPE	Sociedades Especializadas en Depósitos y Pagos Electrónicos
SIC	Sistema de Información Cambiaria del Banco de la República
SICSFE	Sociedades de intermediación cambiaria y de servicios financieros Especiales
USD	Dólares Americanos

Capítulo 1.

Aspectos generales del régimen de cambios en Colombia

1.1. MARCO NORMATIVO

El derecho cambiario en Colombia ha sufrido muchas mutaciones a lo largo de su historia, sin embargo, a lo largo de la historia moderna, se ha podido apreciar que una institución siempre ha estado involucrada, el Banco de la República entidad que, por demás, es la que más genera y ha generado confianza a lo largo de los años[1]. En la actualidad, el Banco de la República es el encargado de regular los cambios internacionales, función que ha desempeñado a cabalidad, lo que da una amplia reglamentación emitida por la entidad.

Pese a lo anterior, el Banco de la República no es la única entidad encargada de reglamentar la materia, pues al revisar la Constitución Política de Colombia se puede evidenciar que tienen ciertas potestades el Congreso de la República y el presidente de la república.

1.1.1. La Constitución Política de Colombia

Con la expedición de la Constitución Política les fue asignado a las diferentes ramas del poder público funciones relacionadas con la regulación en materia cambiaria, así entonces se estableció la facultad por parte del Congreso de expedir diferentes tipos de leyes, entre ellas las leyes marco correspondientes al régimen de cambios internacionales[2]:

> Artículo 150. Corresponde al Congreso hacer las leyes. Por medio de ellas ejerce las siguientes funciones:
> (...)

---

1 Uribe Escobar, José Darío, ed., *Historia del banco de la república, 1923-2015* (Bogotá: Banco de la República, 2017), https://repositorio.banrep.gov.co/bitstream/handle/20.500.12134/9325/LBR_2017-10.pdf?sequence=1&isAllowed=y.

2 República de Colombia, Constitución Política de Colombia 1991, lit. b. del numeral 19 del artículo 150.

> 19. Dictar las normas generales, y señalar en ellas los objetivos y criterios a los cuales debe sujetarse el **Gobierno** para los siguientes efectos:
> (...)
> b) Regular el comercio exterior y señalar el régimen de cambio internacional, en concordancia con las funciones que la Constitución consagra para la Junta Directiva del Banco de la República;

Como se aprecia por el artículo 150 de la Constitución Política el Gobierno también tiene potestades reglamentarias en la materia como, además, se encuentra consagrado en el artículo 189 C.P.:

> Artículo 189. Corresponde al Presidente de la República como Jefe de Estado, Jefe del Gobierno y Suprema Autoridad Administrativa:
> (...)
> 11. Ejercer la potestad reglamentaria, mediante la expedición de los decretos, resoluciones y órdenes necesarios para la cumplida ejecución de las leyes.

La Constitución también otorgó al Banco de la República, entidad autónoma en los términos del artículo 113 de la C.P., entre otras funciones, la de regular los cambios internacionales, efectuándose la dirección y ejecución de dicha política por intermedio de su Junta Directiva.

> Artículo 371. El Banco de la República ejercerá las funciones de banca central. Estará organizado como persona jurídica de derecho público, con autonomía administrativa, patrimonial y técnica, sujeto a un régimen legal propio. Serán funciones básicas del Banco de la República: regular la moneda, **los cambios internacionales** y el crédito; emitir la moneda legal; administrar las reservas internacionales; ser prestamista de última instancia y banquero de los establecimientos de crédito; y servir como agente fiscal del gobierno. Todas ellas se ejercerán en coordinación con la política económica general.
> (...)
> Artículo 372. La Junta Directiva del Banco de la República será la autoridad monetaria, **cambiaria** y crediticia, conforme a las funciones que le asigne la ley. Tendrá a su cargo la dirección y ejecución de las funciones del Banco y estará conformada por siete miembros, entre ellos el Ministro de Hacienda, quien la presidirá (...)

1.1.2. Ley 9 de 1991

Esta norma tiene una especial relevancia en todo lo referido al régimen de cambios internacionales, pues al interior de esta ley, cuya expedición fue anterior a la vigencia de la Constitución Política Colombiana, se comienza a hablar de operaciones de cambios de forma general y de las Operaciones del Mercado Cambiario como una parte de las primeras, además de fijarse sus propósitos en el artículo 2:

> Artículo 2. Propósitos del régimen cambiario. El régimen cambiario tiene por objeto promover el desarrollo económico y social y el equilibrio cambiario, con base en los siguientes objetivos que deberán orientar las regulaciones que se expiden en desarrollo de la presente Ley.
> a) Propiciar la internacionalización de la economía colombiana con el fin de aumentar su competitividad en los mercados externos.
> b) Promover, fomentar y estimular el comercio exterior de bienes y servicios, en particular las exportaciones, y la mayor libertad en la actuación de los agentes económicos en esas transacciones.
> c) Facilitar el desarrollo de las transacciones corrientes con el exterior y establecer los mecanismos de control y supervisión adecuados.
> d) Estimular la inversión de capitales del exterior en el país.
> e) Aplicar controles adecuados a los movimientos de capital.
> f) Propender por un nivel de reservas internacionales suficiente para permitir el curso normal de las transacciones con el exterior.
> g) Coordinar las políticas y regulaciones cambiarias con las demás políticas macroeconómicas.
> Los anteriores criterios se aplicarán con arreglo a los principios de economía, celeridad, eficacia, imparcialidad, publicidad y contradicción, orientadores de las actuaciones administrativas.

Como se evidencia, en el artículo citado, el objetivo del legislador de 1991 era facilitar diversas operaciones entre Colombia y el resto del mundo, sin dejar de lado el control y la reglamentación de estas actividades.

En consonancia con lo anterior, en la Ley 9 de 1991 se establecieron ciertas potestades reglamentarias radicadas en cabeza del Gobierno, como es el caso de indicar qué operaciones están sujetas al régimen cambiario (artículo 4), la regulación del cumplimiento del régimen cambiario (artículo 5), determinar qué operaciones hacen parte del mercado cambiario (artículo 6), establecer quienes serán los intermediarios del mercado cambiario (artículo 8), la forma de efectuar el ingreso y egreso de divisas (artículo 9) además del régimen de endeudamiento externo (artículo 11).

También de forma directa la Ley 9 de 1991 estableció ciertas facultades y beneficios en cabeza de los residentes, tal es el caso de la posibilidad de recibir divisas por concepto de servicios (parágrafo del **artículo** 6) y la libre tenencia, posesión y negociación de divisas (**artículo** 7), además de la posibilidad de canalizar directamente las operaciones del mercado cambiario mediante el sistema de cuentas de compensación (**artículo** 10).

En lo que respecta a las potestades del Banco de la República, en lo que versa sobre la Ley 9 de 1991, el artículo 16 de la Ley 31 de 1992 estableció lo siguiente:

> Artículo 16. Atribuciones. Al Banco de la República le corresponde estudiar y adoptar las medidas monetarias, crediticias y cambiarias para regular la circu-

> lación monetaria y en general la liquidez del mercado financiero y el normal funcionamiento de los pagos internos y externos de la economía, velando por la estabilidad del valor de la moneda. Para tal efecto, la Junta Directiva podrá:
> (...)
> h) Ejercer las funciones de regulación cambiaria previstas en el parágrafo 1°. del artículo 3°. y en los artículos 5°. a 13, 16, 22, 27, 28 y 31 de la Ley 9ª. de 1991.

Se puede evidenciar como por parte del legislador de 1991 se buscaba una colaboración armónica entre las distintas ramas del poder público, pues por un lado otorgó beneficios de forma directa a los residentes, sin dejar de lado el establecimiento de potestades reglamentarias en cabeza del Gobierno por una parte y por la otra del Banco de la República.

1.1.3. Decreto 1735 en 1993

Esta norma compilada en el Decreto 1068 de 2015 tiene una especial relevancia, pues en ella se establece que se debe entender por **operaciones de cambio** y por **operaciones del mercado cambiario** en desarrollo de los artículos 4 y 6 de la Ley 9 de 1991. También en este decreto el Gobierno estableció una prohibición general de considerar operación de cambio cualquier contrato celebrado entre residentes con la salvedad, por supuesto, de que exista autorización expresa. Asimismo, en este decreto se estableció quien debe entenderse como residente a la luz de la normativa cambiaria.

1.1.4. Resoluciones y Circulares del Banco de la República

Al ser la entidad llamada directamente por la Constitución Política para reglamentar la materia a través de su Junta Directiva, lo ha hecho mediante diferentes resoluciones y circulares a lo largo de los años, encontrándose a la fecha de esta publicación vigentes la Resolución Externa 01 de 2018 y la Circular reglamentaria externa DCIP-83 en su versión del 12 de septiembre de 2023.

Así las cosas, la Resolución Externa 01 de 2018 consagra de una forma general lo que debe entenderse por declaraciones de cambios, tasa de cambios, los autorizados para fungir como intermediarios del mercado cambiario (IMC) y las operaciones que pueden ser desarrolladas por cada uno de ellos, dependiendo a diferentes criterios, entre muchas otras reglamentaciones específicas que serán desarrolladas al interior del presente texto. Y la DCIP 83 establece de una forma precisa el modo en el que se deben cumplir con las diferentes cargas al momento de realizar operaciones de cambios o del mercado cambiario, según corresponda.

También vale la pena mencionar que el boletín n.° 37 del 25 de septiembre de 2023 expedido por de la Junta Directiva del Banco de la República estableció que la vigencia de la DCIP 83 en su versión del 12 de septiembre de 2023 entraría en vigor a partir del 01 de noviembre de 2023. El referido boletín n.° 37 también agregó un párrafo al numeral 9 del anexo 3 de la DCIP 83, párrafo que cuenta con el siguiente texto:

> El periodo comprendido entre el 1 de noviembre y el 31 de diciembre de 2023, se considerará de estabilización del Sistema de Información Cambiaria y de los sistemas que los Intermediarios del Mercado Cambiario usan para la transmisión al Banrep de la información cambiaria. Durante este periodo, los plazos y obligaciones cambiarias seguirán siendo exigibles. Sin embargo, si el Intermediario del Mercado Cambiario presenta dificultades en la transmisión de la información por la integración con el Sistema de Información Cambiaria, el incumplimiento de los plazos de reporte o las inconsistencias en la información no constituirán infracción cambiaria.

Así las cosas, se estableció un periodo de transición que puede dar lugar a la exclusión de sanciones en cabeza de los IMC.

1.2. RESIDENCIA Y EFECTOS

Establecer quién es residente para efectos cambiarios es uno de los aspectos más relevantes al momento de determinar las potestades y cargas que se tienen a la luz de la normativa cambiaria. Ejemplo de lo anterior se puede evidenciar cuando se revisa la regulación de las operaciones internas realizadas entre residentes en las que, por regla general, su pago deberá ser realizado en pesos colombianos así se hayan pactado en divisas, así lo dice el Decreto 1068 de 2015:

> Artículo 2.17.1.3. Operaciones Internas. Salvo autorización expresa en contrario, ningún contrato, convenio u operación que se celebre entre residentes se considerará operación de cambio. En consecuencia, las obligaciones que se deriven de tales contratos, convenios u operaciones, deberán cumplirse en moneda legal colombiana.

Ahora, el incumplimiento de la norma citada puede dar lugar a la imposición de una sanción a las luces del artículo 3 del Decreto 2245 de 2011:

> Artículo 3. Sanción. Las personas naturales o jurídicas y demás entidades asimiladas a estas que infrinjan el régimen cambiario respecto de operaciones y obligaciones cuya vigilancia y control sea de competencia de la Dirección de Impuestos y Aduana's Nacionales, serán sancionadas con la imposición de multa que se liquidará de la siguiente forma:
> (...)

26. Por el pago en moneda extranjera de cualquier contrato, convenio u operación entre residentes en el país sin que dicho pago se encuentre autorizado por el régimen cambiario, se impondrá una multa para cada una de las partes involucradas del ciento por ciento (100%) del monto de la respectiva operación.

De igual forma, al hacer una revisión de la DCIP 83, se puede evidenciar que en la mayoría de las ocasiones será el residente, que realice la operación, quien deberá cumplir con la carga de presentar la Declaración de Cambios y conservar la información. El artículo 1 del Decreto 119 de 2017 modificó el Decreto 1068 de 2015 quedando su nueva redacción así:

Artículo 2.17.1.2. Definición de residencia para fines cambiarios. Sin perjuicio de lo establecido en tratados internacionales y leyes especiales, para efectos del régimen cambiario:
Se consideran como residentes:
a) Las personas naturales nacionales colombianas que habiten en el territorio nacional o las extranjeras que permanezcan continua o discontinuamente en el país por más de ciento ochenta y tres (183) días calendario, incluyendo los días de entrada y de salida del país, durante un periodo de trescientos sesenta y cinco (365) días calendario consecutivos.
b) Las entidades de derecho público, las personas jurídicas, incluidas las entidades sin ánimo de lucro, que tengan su domicilio principal en el país. Igualmente, tienen la condición de residentes para efectos cambiarios las sucursales de sociedades extranjeras establecidas en el país.
Se consideran como no residentes:
a) Las personas naturales nacionales colombianos o extranjeros que no cumplan la condición de permanencia prevista en el literal a) del numeral 1 de este artículo;
b) Las personas jurídicas que no tengan su domicilio principal dentro del territorio nacional, incluidas aquellas sin ánimo de lucro, y
c) Otras entidades que no tengan personería jurídica ni domicilio dentro del territorio nacional".

En este punto vale la pena poner en evidencia que si bien hay puntos de concordancia entre la normativa cambiaria y la normativa tributaria, como ocurre con el uso del criterio de los 183 días calendario para establecer la residencia; también existen situaciones que pueden derivar en que una persona, tenga la calidad de residente para efectos tributarios, pero no para efectos cambiarios.

Lo anterior se puede dar porque por parte de la normativa tributaria existen ciertos criterios de vinculación subjetiva que le son ajenos a la normativa cambiaria, como es el caso de la nacionalidad, que tiene especial relevancia en el numeral 3 del artículo 10 del Estatuto Tributario.

Otras situaciones que pueden dar lugar a que una persona sea residente para efectos tributarios, pero no para efectos cambiarios son las siguientes:

- La aplicación del criterio de "sede efectiva de administración" que trae el artículo 12-1 del Estatuto Tributario, pero que no se encuentra consagrada en la normativa cambiaria.
- Los establecimientos permanentes en Colombia diferentes a las sucursales, pues el artículo 20-1 del Estatuto Tributario establece un listado amplio de lo que se tiene por establecimiento permanente encontrándose entre otros "(...) las agencias, oficinas, fábricas, talleres, minas, canteras, pozos de petróleo y gas, o cualquier otro lugar de extracción o explotación de recursos naturales". Lo que deriva en una asimetría entre la normativa cambiaria y la normativa tributaria.

1.3. OPERACIONES LIBRES Y OPERACIONES DEL MERCADO CAMBIARIO

El Decreto 1068 de 2015 nos lista las operaciones de cambios:

> Artículo 2.17.1.1. Operaciones de Cambio. Defínanse como operaciones de cambio todas las comprendidas dentro de las categorías señaladas en el artículo 4 de la Ley 9ª de 1991, y específicamente las siguientes:
> 1. Importaciones y exportaciones de bienes y servicios;
> 2. Inversiones de capitales del exterior en el país;
> 3. Inversiones colombianas en el exterior;
> 4. Operaciones de endeudamiento externo celebradas por residentes en el país;
> 5. Todas aquellas que impliquen o puedan implicar pagos o transferencias de moneda extranjera entre residentes y no residentes en el país;
> 6. Todas las operaciones que efectúen residentes en el país con residentes en el exterior que impliquen la utilización de divisas, tales como depósitos y demás operaciones de carácter financiero en moneda extranjera;
> 7. Las entradas o salidas del país de moneda legal colombiana y de títulos representativos de la misma, y la compra en el exterior de moneda extranjera con moneda legal colombiana o títulos representativos de la misma;
> 8. Las operaciones en divisas o título representativos de las mismas que realicen el Banco de la República, los intermediarios del mercado cambiario y los demás agentes autorizados, con otros residentes en el país.

Y el artículo 41 de la Resolución Externa 01 de 2018 nos lista las operaciones del mercado cambiario, en el entendido que son aquellas operaciones cuyo pago debe hacerse en las condiciones establecidas por el Banco de la República:

> Artículo 41. Operaciones. Las siguientes operaciones de cambio deberán canalizarse obligatoriamente a través del mercado cambiario:
> 1. Importación y exportación de bienes.

> 2. Operaciones de endeudamiento externo celebradas por residentes así como los costos financieros inherentes a las mismas.
> 3. Inversiones de capital del exterior en el país, así como los rendimientos asociados a las mismas.
> 4. Inversiones de capital colombiano en el exterior, así como los rendimientos asociados a las mismas.
> 5. Inversiones financieras en títulos emitidos y en activos radicados en el exterior, así como los rendimientos asociados a las mismas, salvo cuando las inversiones se efectúen con divisas provenientes de operaciones que no deban canalizarse a través del mercado cambiario.
> 6. Avales y garantías en moneda extranjera.
> 7. Operaciones de derivados.
> **Parágrafo.** El Banco de la República mediante reglamentación de carácter general podrá establecer excepciones a la canalización de estas operaciones.

Esta clasificación normativa va a dividir las operaciones de cambios en dos grandes grupos: las operaciones del mercado cambiario que se encuentran listadas en el citado artículo y las operaciones libres o del mercado no regulado, encontrándose en este grupo todas aquellas diferentes a las operaciones del mercado cambiario[3]. La clasificación hecha cobra una particular relevancia cuando se revisa el artículo 42 de la Resolución Externa 01 de 2018:

> Artículo 42. Pago de obligaciones. Las divisas correspondientes al cumplimento de operaciones de cambio del mercado cambiario deben canalizarse por conducto de los intermediarios autorizados para el efecto o a través del mecanismo de compensación previsto en esta resolución.
> Los pagos que conforme a la presente resolución se autoricen en moneda legal deberán realizarse a través de los intermediarios del mercado cambiario. El Banco de la Republica reglamentará los procedimientos aplicables.

Lo anterior implica que los pagos de las operaciones listadas en el artículo 41 de la Resolución Externa 01 de 2018 solamente pueden ser hechos a través de cuenta de compensación o de los intermediarios del mercado cambiario, siendo necesario que a ellos se les adquiera las divisas y se cumpla con los otros requisitos establecidos en la normativa cambiaria.

En oposición a las operaciones del mercado cambiario, las operaciones libres pueden ser pagadas por fuera del mercado cambiario, siendo viable que el pago sea realizado en divisas en efectivo, a través de cuentas bancarias en el exterior o mediante cualquier otro mecanismo diferente al mercado cam-

---

3 Acosta Ramos, Carolina. "Introducción al régimen cambiario colombiano", en *Régimen cambiario e inversión extranjera en Colombia,* editado por Carolina Acosta Ramos. (Bogotá: Universidad Externado de Colombia, 2019), 37.

biario[4]. Pese a la libertad otorgada por la normativa cambiaria a las operaciones libres que serían, empero, todas aquellas que no se encuentran listadas en el artículo 41 Resolución Externa 01 de 2018, es potestativo por quien realiza la operación de cambios canalizar estos recursos a través del mercado cambiario como lo establece el artículo 10.2 del capítulo 10 de la DCIP 83.

Ahora, si se decide hacer uso de la referida potestad, es decir, hacer la canalización voluntaria, la operación deberá canalizarse en los términos y condiciones establecidos por el Banco de la República, pues de no hacerlo podría derivar esto en sanciones cuya potestad se encuentra en cabeza de la DIAN.

1.4. LOS INTERMEDIARIOS DEL MERCADO CAMBIARIO, ARTÍCULOS 7 Y 8 DE LA RESOLUCIÓN EXTERNA 01 DE 2018:

Este tipo de entidades se encuentran referenciadas en el artículo 8 de la Ley 9 de 1991 de la siguiente forma:

> Artículo 8. Intermediarios del mercado cambiario. El Gobierno Nacional determinará los intermediarios del mercado cambiario con base en cualquiera de los siguientes criterios:
> a) Que se trate de entidades vigiladas por la Superintendencia Bancaria o la Superintendencia de Valores[5].
> b) Que se trate de entidades cuyo objeto exclusivo consista en realizar operaciones de cambio.
> El Gobierno Nacional establecerá los requisitos y condiciones de las operaciones de cambio que podrán realizar los diferentes tipos de intermediarios del mercado cambiario, así como los requisitos que deberán cumplir los intermediarios para operar en el mercado.
> Los intermediarios del mercado cambiario tendrán el deber de colaborar activamente con las autoridades del régimen cambiario y de comercio exterior.

En la actualidad, la normativa que consagra las diferentes entidades del sistema financiero es el Decreto-Ley 663 de 1993 "Estatuto Orgánico del Sistema Financiero"; y pese a que son variadas las instituciones que pueden fungir como intermediarios del mercado cambiario (IMC), ellas deben adoptar una de las figuras consagradas en esta norma. Sin embargo, este estatuto no atribuye o limita competencias respecto a las operaciones de cambios en las que pueden fungir como intermediarios, pues esta potestad es del Banco de la República.

---

4 Banco de la República de Colombia, *Concepto C22-92460 Q22-6057 de la secretaría de la junta directiva* (Bogotá: Banco de la República, junio de 2022).

5 Hoy Superintendencia Financiera.

Así las cosas, las entidades de naturaleza financiera que pueden desempeñarse como Intermediarios del Mercado Cambiario se encuentran listados en el artículo 7 de la Resolución Externa 01 de 2018 de la siguiente forma:

- Establecimientos bancarios.
- Corporaciones financieras.
- Financiera de Desarrollo Nacional (FDN).
- Bancoldex.
- Compañías de financiamiento.
- Cooperativas financieras.
- Sociedades comisionistas de bolsa.
- Sociedades de Intermediación Cambiaria y Servicios Financieros Especiales (SICSFE) antes conocidas como casas de cambio. Casas de Cambio artículo 34 Ley 1328-2009.
- Las sociedades especializadas en depósitos y pagos electrónicos (SEDPE).
- La Financiera de Desarrollo Territorial (FINDETER).
- El Fondo para el Financiamiento del Sector Agropecuario (FINAGRO).
- El Instituto Colombiano de Crédito Educativo y Estudios Técnicos en el Exterior (ICETEX).
- La Empresa Nacional Promotora del Desarrollo Territorial (ENTerritorio).
- El Fondo Nacional del Ahorro (FNA).

Es ante estas entidades que se deben negociar y canalizar las divisas por los pagos realizados o recibidos a través del Mercado Cambiario. También son los IMC los encargados de recabar y transmitir al Banco de la República la declaración de cambios o información requerida por esta entidad[6], de forma tal que por regla general quien realiza la operación del mercado cambiario no le suministra información de forma directa al Banco de la República, sino al IMC quien se encarga de transmitirle la información consolidada al Banco Central.

---

6 Resolución Externa 01 de 2018, artículo 89.

Estos intermediarios también tienen ciertas obligaciones referentes a las operaciones del mercado cambiario de conformidad con el aparte 1.2.2. del capítulo 1 de la DCIP 83, de la siguiente forma:

- Conocer adecuadamente al cliente en ejercicio de los deberes de control y prevención a las actividades delictivas.
- Exigir a los residentes y no residentes la información de los datos mínimos de las operaciones de cambio que canalicen y transmitirla al Banco de la República.
- Verificar que el valor de las divisas que se informa corresponda a las que se adquieren o venden por su conducto.
- Asignar a cada declaración de cambio que les sea presentada un número de identificación, el cual no puede repetirse a nivel nacional en un mismo día.
- Conservar la información que transmitan al Banco de la República de las operaciones de cambio canalizadas, por un periodo igual al de caducidad o prescripción de la acción sancionatoria por infracciones al régimen cambiario.

Ahora bien, no todos los IMC son iguales y el artículo 8 de la Resolución Externa 01 de 2018 establece cierta diferenciación respecto de las actividades que pueden ser desarrolladas dependiendo de su naturaleza y capital. De esta forma, los separa en seis grupos:

> **Grupo 1:** Los establecimientos bancarios, las corporaciones financieras; y siempre y cuando tengan un patrimonio técnico igual o superior a una corporación financiera: las compañías de financiamiento y las cooperativas financieras. Y la FDN y Bancoldex.
> **Grupo 2:** Los establecimientos bancarios, las corporaciones financieras, y las compañías de financiamiento y las cooperativas financieras, cuando estas últimas tengan un patrimonio técnico inferior al de las corporaciones financieras.
> **Grupo 3:** Las sociedades comisionistas de bolsa, siempre y cuando tengan un patrimonio técnico igual o superior a una compañía de financiamiento.
> **Grupo 4:** Las sociedades de intermediación cambiaria y de servicios financieros especiales (SICSFE) y las Sociedades Especializadas en Depósitos y Pagos Electrónicos (SEDPE) siempre que estas últimas tengan el capital mínimo que debe acreditarse para la constitución de una SICSFE.
> **Grupo 5:** Las Sociedades Especializadas en Depósitos y Pagos Electrónicos (SEDPE), con un patrimonio técnico inferior al que deba acreditarse para la creación de sociedades de intermediación cambiaria y de servicios financieros especiales (SICSFE).
> **Grupo 6:** FINDETER, FINAGRO, ICETEX, ENTerritorio, FNA.

Dependiendo del grupo al que el IMC pertenezca podrá realizar más o menos operaciones, para fines ilustrativos se tomarán algunas de las operaciones autorizadas a cada uno de los grupos en el artículo 8 de la Resolución Externa 01 de 2018 para que se pueda evidenciar las diferencias entre cada uno los grupos:

OPERACIÓNES AUTORIZADAS	G. 1	G. 2	G. 3	G. 4	G. 5	G. 6
Adquirir y vender divisas y títulos representativos de las mismas que deban canalizarse a través del mercado cambiario (Operaciones del Mercado Cambiario).	X	X	X	X		
Adquirir y vender divisas y títulos representativos de las mismas que se canalicen voluntariamente a través del mismo (Operaciones Libres).	X	X	X	X	X	
Celebrar operaciones de compra y venta de divisas y de títulos representativos de las mismas otros intermediarios del mercado cambiario.	X	X	X	X		X
Celebrar operaciones de compra y venta de saldos de cuentas de compensación.	X	X	X	X		
Enviar o recibir pagos y giros en moneda extranjera, y efectuar remesas de divisas desde o hacia el exterior.	X	X	X	X	X	
Recibir depósitos en moneda extranjera de empresas de transporte internacional, agencias de viajes y turismo, almacenes y depósitos francos, entre otros.	X	X				
Recibir depósitos a la vista en cuentas corrientes y cuentas de ahorro en moneda legal colombiana de no residentes.	X	X				
Distribuir y vender tarjetas débito prepago, recargables o no, e instrumentos similares emitidos por las entidades financieras del exterior que señale el Banco de la República.	X	X				
Efectuar inversiones de capital en el exterior de conformidad con las normas aplicables y efectuar inversiones financieras en el exterior.	X	X	X	X	X	X
Otorgar créditos externos.	X					X
Realizar operaciones de leasing de exportación y de importación estipuladas en moneda extranjera.	X					
Enviar y recibir pagos y giros en moneda extranjera mediante tarjetas de débito.	X	X		X	X	
Enviar y recibir pagos y giros en moneda extranjera mediante tarjetas de crédito.	X	X				
Otorgar avales y garantías.	X					
Realizar operaciones de derivados.	X					
Depósitos electrónicos en pesos de no residentes.	X	X		X	X	

Tabla 1. Operaciones autorizadas IMC

Fuente: Elaboración propia basado en actualización del Banco de la República[7].

---

7 Banco de la República de Colombia, «Nuevo Régimen de Cambios Internacionales»: (Bogotá: Banco de la República, noviembre de 2018), 27, https://www.banrep.gov.co/sites/default/files/publicaciones/archivos/05_banca-central-sebastian-rojas.pdf.

Al margen de los intermediarios del mercado cambiario se encuentran otos actores que vale la pena mencionar, quienes pese a no ser catalogados como IMC, tienen ciertas potestades o funciones al interior de la normativa cambiaria. Tal es el caso de los profesionales de comprar y venta de divisas y cheques de viajero, y de los proveedores de servicios de pago agregadores.

En lo que respecta a los profesionales de comprar y venta de divisas y cheques de viajero el artículo 84 de la Resolución Externa 01 de 2018 dice lo siguiente:

> Artículo 84o. Actividad profesional de compra y venta de divisas y cheques de viajero. Los residentes podrán comprar y vender de manera profesional divisas y cheques de viajero, previa inscripción en el registro mercantil y en el registro de profesionales de compra y venta de divisas que establezca la DIAN conforme a los requisitos y condiciones que señale esa entidad. Dicha autorización no incluye ofrecer profesionalmente, directa ni indirectamente, servicios tales como negociación de cheques o títulos en divisas, pagos, giros, remesas internacionales, distribución y venta de tarjetas débito prepago, recargables o no, e instrumentos similares emitidos por entidades del exterior, ni ningún servicio de canalización a través del mercado cambiario a favor de terceros.

Como se evidencia en el inciso 1 del artículo transcrito, el Banco de la República limita las operaciones que pueden ser realizadas por estos profesionales e incluso establece la necesidad de que se inscriban ante la DIAN, registro que ha sido reglamentado mediante la Resolucion DIAN 061 de noviembre 3 de 2017.

El artículo 3 del Decreto 2245 de 2011 en sus numerales 18 a 23 establece las consecuencias jurídicas por no cumplir con los requisitos establecidos en la normativa cambiaria o la inscripción ante la DIAN, para efectos demostrativos se cita el numeral 18 del referido artículo, al posiblemente ser este numeral el que puede ser transgredido con mayor facilidad:

> 18. Por ejercer la actividad de compra y venta de manera profesional de divisas en efectivo y cheques de viajero sin cumplir los requisitos previstos para el efecto por el régimen cambiario o sin estar inscrito en el registro de profesionales de compra y venta de divisas establecido por la Dirección de Impuestos y Aduanas Nacionales, conforme con los requisitos y condiciones señalados por esa entidad, se impondrá una multa del ciento por ciento (100%) del valor de las operaciones de compra y venta realizadas.
> En el evento en que la Entidad de Control compruebe el ejercicio no autorizado de la actividad de compra y venta de manera profesional de divisas en efectivo y cheques de viajero y no sea posible cuantificar el valor de las operaciones efectuadas, se impondrá por el ejercicio no autorizado de la actividad sujeta a registro e inscripción, una multa equivalente a mil (1.000) Unidades de Valor Tributario (UVT).

En lo que respecta a los proveedores de servicios de pago agregadores, esta figura se encuentra definida en el numeral 3 de artículo 2.17.1.1.1. del Decreto 2555 de 2010 de la siguiente forma:

> ARTÍCULO 2.17.1.1.1. Definiciones. Para efectos del presente Libro se adoptan las siguientes definiciones:
> (...)
> 3. Agregador: Proveedor de servicios de pago del adquirente que vincula a los comercios al sistema de pago de bajo valor, le suministra tecnologías de acceso que permitan el uso de instrumentos de pago y recauda en su nombre los fondos resultantes de las órdenes de pago o transferencia de fondos a su favor.

En materia cambiara la figura fue introducida por la Junta Directiva del Banco de la República a través del Boletín 60 del 13 de diciembre de 2021, el cual añadió los apartes 3.5, 4.6 y 10.10 a los capítulos 3, 4 y 10 de la DCIP 83 respectivamente. Y se realiza diferenciación entre los proveedores de servicios de pagos residentes y no residentes.

A diferencia de los intermediarios del mercado cambiario, ante quienes se adquieren las divisas y se transmite la declaración de cambios, los proveedores de servicios de pago agregadores residentes, lo que principalmente hacen es fungir como representantes del titutlar de la operación de importación o exportación de bienes o servicios. Siendo de esta forma necesario que las divisas sean negociadas ante un IMC y que ante él se presente la declaración de cambios.

La normativa cambiaria establece además cirtas formalidades que deben ser cumplidas por parte de los proveedores de servicios de pago agregadores residentes, pues por un lado las declaraciones de cambios deben ser presentadas diariamente de forma consolidada y además deberán presentar mensualmente el "Reporte mensual de las operaciones realizadas a través de proveedores de servicio de pago agregadores" dentro de los diez (10) días hábiles siguientes al cierre delmes que se reporta.

Respecto a los proveedores de servicios de pago agregadores no residentes se desplaza el cumplimiento de requisitos en cabeza del IMC que tenga el contrato con el proveedor de servicios, siendo de esta forma el IMC el obligado a presentar el "Reporte mensual de las operaciones realizadas a través de proveedores de servicio de pago agregadores", dentro del mismo término enunciado en el párrafo anterior.

En cuanto a las declaraciones de cambios por los pagos realizados o recibidos a través de proveedores de servicios de pago agregadores no residentes, la normativa cambiaria remite a las formalidades propias de las cuentas de compensació o del pago realizado o recibido mediante tarjetas débito o crédito. Lo que conlleva a que el registro de utilización de tarjeta de crédito o abono haga las veces de la declaracion de cambios, o en su defecto el informe de movimientos de la cuenta de compensación lo reemplace.

1.5. ADQUISICIÓN Y NEGOCIACIÓN DE DIVISAS EN LAS OPERACIONES DEL MERCADO CAMBIARIO

En los últimos años, debido a los avances tecnológicos, el término divisas ha sido problematizado y es que bajo el novedoso concepto de las criptomonedas y sus tecnologías vinculadas se han elevado un buen número de consultas al Banco de la República, con el fin de determinar el tratamiento de estos intangibles y si ellas pueden ser utilizadas como medio de pago en las operaciones de cambios y del mercado cambiario. Mediante un pronunciamiento del 30 de marzo del 2023, la Secretaría de la Junta Directiva del Banco de la República ha dicho lo siguiente:

> De los análisis efectuados hasta el momento por el Banco de la República, la Superintendencia Financiera de Colombia, la Superintendencia de Sociedades, la Unidad de Regulación Financiera (URF), la Dirección de Impuestos y Aduanas Nacionales (DIAN), la Unidad de Información y Análisis Financiero (UIAF), y en calidad de invitado, el Consejo Técnico de la Contaduría Pública (CTCP), se ha concluido que los criptoactivos:
> i. No son moneda, en tanto la única unidad monetaria y de cuenta que constituye medio de pago de curso legal con poder liberatorio ilimitado en Colombia, es el peso emitido por el Banco de la República (billetes y monedas);
> ii. no son dinero para efectos legales;
> iii. no son una divisa, pues no han sido reconocidos como moneda por ninguna autoridad monetaria internacional ni se encuentra respaldada por bancos centrales;
> iv. no son efectivo ni equivalente a efectivo;
> v. no existe obligación alguna para recibirlos como medio de pago;
> vi. no son activos financieros ni propiedad de inversión, en términos contables;
> vii. no son un valor en los términos de la Ley 964 de 2005, por lo que se debe evitar su mención o asimilación[8].

Bajo el actual contexto se puede concluir que a la fecha no es viable efectuar el pago de operaciones de cambios y mucho menos del mercado cambiario por medio de criptomonedas. Así que el efectuar "pagos" por medio de estos instrumentos podría derivar en un hecho sancionable cuyo

---

[8] Banco de la República de Colombia, *Concepto SCD-000014893 de la secretaría de la junta directiva* (Bogotá: Banco de la República, marzo de 2023).

monto puede elevarse al 100 % del monto extinguido a las luces del numeral 3 del artículo 3 del Decreto 2245 de 2011.

En el caso de las divisas que sí son aceptadas como tal por parte del Banco de la República, su negociación debe ser realizad a través de los IMC, esto quiere decir que a ellos se les debe comprar o vender las divisas, y una vez realizada esa operación se podrá presentar la declaración de cambios que corresponda.

1.6. LA DECLARACIÓN DE CAMBIO (ARTÍCULOS 88 AL 91 DE LA RESOLUCIÓN EXTERNA 01 DE 2018)

Con las operaciones pertenecientes al mercado cambiario surge además una obligación de carácter formal, tanto para quien ha efectuado la operación como para el IMC que recibe la información. Y es que el residente que acuda al IMC para adquirir las divisas debe suministrarle a este último los datos mínimos con el fin de que el IMC a su vez pueda transferirle la información al Banco de la República.

Hay que tener en cuenta que, por regla general, quienes tienen la obligación de suministrar dicha información a los Intermediarios del Mercado Cambiario son los residentes para efectos cambiarios. Esto con la salvedad de que la operación del mercado cambiario sea realizada por un no residente en el país o que por su esencia deba ser canalizada, tal es el caso de la inversión extranjera en Colombia donde no solamente se encuentra obligado el receptor del capital extranjero, pudiendo también el inversionista cumplir con esta carga en el territorio nacional.

Lo anterior aplica, por supuesto, siempre y cuando las divisas sean adquiridas ante un IMC; pues también existe la posibilidad por parte de un residente de utilizar el mecanismo de compensación, donde emplea una cuenta por fuera del territorio nacional la cual tendría depósitos en divisas y con la que se podrían canalizar válidamente operaciones pertenecientes al mercado cambiario, siempre y cuando el titular de la cuenta (el residente) presente directamente la información exigida por el Banco de la República. En el escenario antes descrito, sería quien realiza la operación del mercado cambiario el declarante y no el IMC quien tendría comunicación directa con el Banco de la República.

Quien realice la operación del mercado cambiario, además de brindar de forma veraz y completa la información al IMC para que este realice la declaración de cambios, tiene una obligación de índole formal como lo es conservar los documentos que acrediten los montos, características y condiciones generales de la operación; lo anterior con el fin de poder cumplir con la carga de suministrar información a los entes de control en caso de ser solicitada por estos.

Otra situación que no debe ser perdida de vista es que las declaraciones de cambio, en los términos del artículo 1.4. del capítulo 1 de la DCIP 83, podrán ser objeto de modificaciones, cambios y anulación ante el Intermediario del Mercado Cambiario que haya transmitido la declaración inicial, estos actos modificatorios podrán hacerse en cualquier tiempo, según el capítulo 1 de la DCIP 83.

Dependiendo de la operación realizada por el declarante, se deberá presentar uno u otro tipo de declaración de cambios de acuerdo con el cuadro que se trae a continuación, en el que además se incluye a modo de referencia el formulario que correspondía a la declaración de cambios antes de la modificación introducida por los boletines 46 de octubre 28 de 2016 y 36 de septiembre 12 de 2023 del Banco de la República:

Tipo de declaración de cambios	Artículo DCIP 83 JDBR
Información de los datos mínimos de las operaciones de cambio por importaciones de bienes (antes formulario n.° 1).	3.6
Información de los datos mínimos de las operaciones de cambio por exportaciones de bienes (antes formulario n.° 2).	4.7
Información de datos mínimos para operaciones de cambio por endeudamiento externo (antes formulario n.° 3).	5.4
Información de los datos mínimos de la declaración de cambio, con razón de no canalización. (Antes Información de datos mínimos de excepciones a desembolsos y pagos, y previo a ello formulario n.° 3A).	5.4 y 5.8
Información de datos mínimos de las operaciones de cambio por inversiones internacionales (antes formulario n.° 4).	7.7
Información de datos mínimos de las operaciones de cambio por servicios, transferencias y otros conceptos (antes formulario n.° 5).	10.12

Tabla 2. Tipos de declaraciones de cambios y anteriores formularios.

Fuente: Elaboración propia.

En la anterior tabla, además del tipo de declaración de cambios que debe ser presentada de acuerdo con la operación, también se puede evidenciar que cada una de las declaraciones tuvo en su momento un formulario específico. Ahora el que ya no existan los referidos formularios son una muestra de la flexibilización de las medidas cambiarias, pues ya no se trata de la manifestación unilateral bajo la gravedad de juramento, como se encontraba plasmado en el formulario; sino que pasa a ser simple información que puede ser recabada por el IMC en las condiciones que a este mejor le parezcan.

Pese a esta flexibilización, se le pone de presente al lector, en caso de no ser presentada la declaración de cambios que corresponda en los términos establecidos por la normativa cambiaria se podría estar inmerso, por parte del declarante, en hechos sancionatorios bien sea por extemporaneidad o por la no presentación de la declaración de cambios.

Capítulo 2.

Importaciones y exportaciones de bienes

Dentro de las operaciones del mercado cambiario listadas en el artículo 41 de la Resolución Externa 01 de 2018 del Banco de la República, es posible encontrar en el numeral 1 las "Importación y exportación de bienes". Lo anterior implica que los pagos relacionados con las importaciones y exportaciones de bienes (mercancías de conformidad con el artículo 3 del Decreto 1165 de 2019) hacen parte del mercado cambiario, dicho en otras palabras, para que lo pagos se entiendan como debidamente canalizados deberán efectuarse a través de los intermediarios del mercado cambiario[9] o una cuenta de compensación, además, por supuesto, de la obligación formal por parte del declarante (quien realiza la operación del mercado cambiario) de presentar la información de los datos mínimos de cada operación (declaración de cambios) al IMC.

Si bien las dos operaciones, importaciones y exportaciones, se encuentran contempladas en el mismo numeral como de obligatoria canalización, lo cierto es que tanto la Resolución Externa 01 del 2018 como la DCIP 83 diferencian dichas operaciones, a tal punto que contempla la DCIP 83 capítulos diferentes para regular una y la otra materia. Lo anterior tiene sentido, pues aun cuando se trate de actividades de comercio internacional y se encuentren reguladas en el Estatuto Aduanero (hoy Decreto 1165 de 2019), las dos obedecen a diferentes lógicas, como se va a exponer a continuación.

2.1. IMPORTACIONES

En el artículo 3 del Decreto 1165 de 2019 se encuentra definida la importación como:

> La introducción de mercancías de procedencia extranjera al territorio aduanero nacional cumpliendo las formalidades aduaneras previstas en el presente Decreto.
> También se considera importación, la introducción de mercancías procedentes de Zona Franca, o de un depósito franco al resto del territorio aduanero nacional, en las condiciones previstas en este Decreto.

---

9 Banco de la República. Resolución Externa 01 de 2018, artículos 7 y 8.

En el mismo artículo se definen mercancías como: "todos los bienes susceptibles de ser clasificados en la nomenclatura arancelaria y sujetos al control aduanero", nomenclatura que por demás se encuentra regulada en el Decreto 1881 de 2021. También entonces surge la duda de lo que debe entenderse como El Territorio Aduanero Nacional, y el mismo artículo 3 del Estatuto Aduanero lo define como:

> [La] demarcación dentro de la cual se aplica la legislación aduanera; cubre todo el territorio nacional, incluyendo subsuelo, el mar territorial, la zona contigua, la plataforma continental, la zona económica exclusiva, el espacio aéreo, el segmento de la órbita geoestacionaria, el espectro electromagnético y el espacio donde actúa el Estado colombiano, de conformidad con el derecho internacional o con las leyes colombianas a falta normas internacionales.

Existen ciertas áreas del territorio colombiano con un régimen especial en materia aduanera, y son las Zonas Francas, figura que se encuentra consagrada de forma general en la Ley 1004 de 2005 y se define de la siguiente forma:

> La Zona Franca es el área geográfica delimitada dentro del territorio nacional, en donde se desarrollan actividades industriales de bienes y de servicios, o actividades comerciales, bajo una normatividad especial en materia tributaria, aduanera y de comercio exterior. Las mercancías ingresadas en estas zonas se consideran fuera del territorio aduanero nacional para efectos de los impuestos a las importaciones y a las exportaciones.

Al momento en el cual son importadas las mercancías se debe elegir una modalidad para la introducción de la mercancía al El Territorio Aduanero Nacional, que de conformidad al artículo 172 del Decreto 1165 de 2019 son las siguientes:

1. Importación ordinaria;
2. Importación con franquicia;
3. Reimportación por perfeccionamiento pasivo;
4. Reimportación en el mismo estado;
5. Importación en cumplimiento de garantía;
6. Importación temporal para reexportación en el mismo estado;
7. Importación temporal para perfeccionamiento activo;
   7.1. Importación temporal para perfeccionamiento activo de bienes de capital;
   7.2. Importación temporal en desarrollo de Sistemas Especiales de Importación-exportación;

7.3. Importación temporal para procesamiento industrial;

8. Importación para transformación y/o ensamble;

9. Importación por tráfico postal y envíos urgentes;

10. Entregas urgentes;

11. Viajeros;

12. Muestras sin valor comercial.

2.2. PAGO DE LAS IMPORTACIONES

Teniendo entonces presente las modalidades, hay algunas que no implican el pago por el concepto de la importación, tal es el caso, por ejemplo, del régimen de viajeros, la importación temporal para reexportación en el mismo estado, entre otros. Sin embargo, en la mayoría de las importaciones sí será necesario que quien realice la operación de comercio internacional tenga la obligación de canalizar el pago a través del Mercado Cambiario.

2.2.1. ¿Quién y a quién se le puede realizar el pago de la importación?

Esto nos dice el capítulo 3 de la DCIP 83 al respecto:

> Las divisas para el pago de la importación deberán ser canalizadas por quien efectuó la importación de bienes, y el pago deberá ser efectuado directamente al acreedor, su cesionario o a centros o personas que adelanten en el exterior la gestión de recaudo y/o pago internacional, se trate de residentes o no residentes.
>
> Los residentes no podrán canalizar pagos de importaciones que hayan sido realizadas por otros.

Es así como se ha elaborado una doctrina denominada "principio de coincidencia", la que deriva en la aplicación de la sanción del 100 % de las sumas indebidamente canalizadas[10] en caso de que no se cumpla con la obligación de realizar el pago por el obligado[11]. Sin embargo, sí existen

---

10 Presidente de la República de Colombia, Decreto 2245 de 2011: Por el cual se establece el Régimen Sancionatorio y el Procedimiento Administrativo Cambiario a seguir por la Dirección de Impuestos y Aduanas Nacionales, numeral 3, artículo 3.

11 Presidente de la República, Decreto 963 de 2020: Por el cual se reglamentan los artículos 850 y 855 del Estatuto Tributario, 3 del Decreto Legislativo 807 de 2020,

situaciones en las que, por la naturaleza del negocio causal, el pago sea hecho por personas diferentes como lo indica el artículo 1.3. del capítulo 1 de la DCIP 83 de las cuales se resaltan las siguientes:

> 1. Para las operaciones de comercio exterior que se realicen por cuenta de los patrimonios autónomos y encargos fiduciarios, no se requerirá que coincidan los sujetos que se relacionen como importadores o exportadores en la información de los datos mínimos (patrimonios autónomos y encargos fiduciarios) con los fideicomitentes que se relacionen en los documentos aduaneros.
> Se deberá indicar el NIT del patrimonio autónomo conforme a lo previsto en el Decreto 589 del 11 de abril de 2016, o demás normas que lo adicionen, modifiquen o complementen.
> (...)
> 5. Para las operaciones de comercio exterior que se realicen a nombre de los consorcios o uniones temporales, conforme a las normas aduaneras que lo permitan, no se requerirá que coincidan los importadores o exportadores que se relacionen en la información de los datos mínimos para la canalización de las operaciones de cambio (persona natural o jurídica partícipe), con la unión temporal o el consorcio que se relacione en los documentos aduaneros.
> (...)
> 8. Para las operaciones de comercio exterior que se paguen a través de proveedores de servicios de pago agregadores residentes, no se requerirá que coincidan los sujetos que se relacionen como importadores o exportadores en la información de los datos mínimos (proveedores de servicios de pago) con la información contenida en los documentos aduaneros. Estas operaciones serán reportadas en los términos establecidos en los numerales 3.5. y 4.6. de la presente Circular.

Los proveedores de servicios de pagos agregadores deberán entonces canalizar los pagos realizados en nombre del importador a través de los IMC en los términos y condiciones del artículo 3.5. del capítulo 3 de la DCIP 83. Otra de las situaciones particulares, son aquellas en las que se realiza la cesión de los derechos aduaneros sobre las mercancías antes de que ellas sean importadas, situación perfectamente válida en la que el cesionario adquiere todos los derechos, incluso los cambiarios, situación que no deriva en un quiebre del principio de coincidencia[12].

---

y se sustituyen unos artículos del Decreto 1625 de 2016, Único Reglamentario en Materia Tributaria. (04 de agosto de 2020).

12 Rodríguez Calero, Carlos Andrés. "Obligaciones cambiarias en operaciones de comercio exterior", en *Régimen cambiario e inversión extranjera en Colombia,* editado por Carolina Acosta Ramos. (Bogotá: Universidad Externado de Colombia, 2019), 65 y 66.

2.2.2. Pago de la importación en divisas

El pago que debe realizar el importador a su proveedor es de obligatoria canalización, es decir, se encuentra sometido a las reglas establecidas en los artículos 69 a 73 de la Resolución Externa 01 de 2018 y al capítulo 3 de la DCIP 83. Debido a que es una importación la que da origen a la obligación de efectuar la canalización, donde se suele tomar el valor *Free on Board* (FOB) de las mercancías, es esta la suma que debe ser pagada. Sin embargo, existen situaciones en las que el término de negociación sea diferente (CIF o C&F), situación perfectamente válida y contemplada en el artículo 3.2. del capítulo 3 de la DCIP 83.

Bajo los parámetros antes mencionados, las divisas correspondientes al pago de la operación de comercio internacional deberán ser adquiridas a un IMC, salvo que se efectúe el pago por intermedio de una cuenta de compensación. Además, al tratarse de una operación del mercado cambiario, el importador residente debe cumplir con varias cargas, entre ellas, la de presentar a un IMC la "Información de los datos mínimos de las operaciones de cambio por importaciones de bienes" (declaración de cambio). En esta declaración de cambios, se debe establecer la identidad del importador, el proveedor, el IMC, el valor y la moneda en la que se efectúa el pago y el concepto (numeral cambiario), entre otros datos que se encuentran consagrados en el artículo 3.6 del capítulo 3 de la DCIP 83; y la información puede ser recabada por el IMC de acuerdo con el mecanismo que se considere más adecuado.

Vale la pena indicar que a diferencia de lo enunciado en el artículo 8 de la Resolución Externa 08 del 2000 que establecía un plazo general de seis meses para la presentación de las declaraciones de cambios, contados a partir del momento en el cual fuese realizado el reintegro de las divisas; la Resolución Externa 01 de 2018 no establece un término general para la presentación de la declaración de cambios correspondiente, y esto obedece a que la declaración de cambios en los términos del artículo 88 de la Resolución Externa 01 de 2018, se trata de unos datos mínimos los cuales se le suministran al IMC que en la mayoría de las ocasiones se le suministran al momento mismo en el que se realiza el giro de las divisas adquiridas, resultando, entonces, innecesario que se estipule un término específico para presentar la declaración de cambios.

2.2.3. Pago de la importación en moneda legal

La Resolución Externa 01 de 2018 en su artículo 70 establece la posibilidad de que los residentes paguen sus importaciones en moneda legal (pesos colombianos), sin embargo, se limita esta potestad a que las sumas sean canalizadas a través de los intermediarios del mercado cambiario. A su vez, el artículo 3.1.1. del capítulo 3 de la DCIP 83 establece dos procedimientos para hacer efectivo el pago en pesos colombianos:

> a) Mediante abono en la cuenta que tenga en pesos el no residente (proveedor), que tiene que ser una cuenta de uso general de acuerdo con el numeral 10.4.2.1 del capítulo 10 de la DCIP 83, caso en el cual se le presentaría la declaración de cambios al IMC desde el cual se realiza la transferencia;
> b) También puede el importador emitir un cheque para que su proveedor no residente lo cobre por ventanilla, en este caso la declaración de cambios deberá ser presentada por el importador al IMC donde tenga su cuenta.

Así las cosas, si el pago es efectuado en pesos colombianos de una forma distinta a la establecida en los citados literales, se estaría realizando el pago de una operación del mercado cambiario de una forma diferente a la establecida en la normativa cambiaria, lo que podría dar lugar a la imposición de una sanción por el 100 % de las sumas indebidamente canalizadas en los términos del numeral 2 del artículo 3 del Decreto 2245 de 2011:

> 2. Por pagar o recibir pagos a través del mercado no cambiario por concepto de operaciones obligatoriamente canalizables a través del mercado cambiario, se impondrá una multa del ciento por ciento (100 %) del monto dejado de canalizar.

2.2.4. Pago de la importación con tarjetas de crédito o débito

Previo a la modificación introducida por el Boletín del Banco de la República n.° 60 de diciembre 13 de 2021, se tenían dos situaciones las cuales derivaban en la presentación de la declaración de cambios por importaciones:

1. Cuando la importación pagada mediante una tarjeta de crédito emitida en Colombia cobrada en pesos superaba los USD $10.000, caso en el cual la declaración de cambios se presentaba por el valor total de la operación con el primer pago al IMC emisor de la tarjeta de crédito en Colombia, independientemente del término de financiación.
2. Cuando la importación era pagada mediante una tarjeta de crédito emitida en el exterior o en Colombia cobrada en divisas, debía presentarse la declaración de cambios con el numeral cambiario 2015, independientemente del monto y el plazo, siendo además necesario presentar una declaración de cambios por cada abono pagado a la entidad emisora de la tarjeta de crédito.

A partir de diciembre de 2021 se ha visto una flexibilización en lo que respecta al pago de importaciones a través de estos medios, de esta forma, en la actualidad el "registro de utilización de la tarjeta constituye la declaración de cambio". Lo anterior aplica tanto para las tarjetas emitidas en Colombia y cobradas en moneda legal como para las emitidas en el exterior cobradas en divisas, como lo ha establecido el artículo 3.1.2. del capítulo 3 de la DCIP 83:

> 3.1.2. Pago de importaciones de bienes con tarjetas de crédito, o débito o transferencias de fondos Cuando el pago de importaciones de bienes se realice con tarjetas de crédito o débito emitidas en Colombia y cobradas en moneda legal colombiana, el registro de utilización de la tarjeta constituye la declaración de cambio. Si el pago se realiza con tarjetas de crédito emitidas en el exterior o en Colombia cobradas en divisas, el registro de utilización de la tarjeta constituye la declaración de cambio. Si el pago se hace mediante transferencia de fondos en moneda legal, se seguirá lo dispuesto en el literal a) del numeral 3.1.1. de esta Circular.

2.2.5. Dación en pago

El artículo 3.2.5. del capítulo 3 de la DCIP 83 permite que se realice la dación en pago en las obligaciones derivadas de las importaciones financiadas por el proveedor. En este escenario, pese a que no exista la canalización de recursos, se deberá presentar la información de los datos mínimos de las operaciones de cambio por importaciones de bienes (declaración de cambio) a un IMC, y en dicha declaración de cambios se deberá especificar el valor en dólares que se entiende pagado y deberá ser utilizado el numeral cambiario 2026, correspondiente a este tipo de operaciones.

2.2.6. Compensación y otras formas de extinguir las obligaciones

Es lapidaria la DCIP 83 al decir en su capítulo 3 que "la compensación de obligaciones no es admisible en operaciones de comercio exterior". Esto implica que en caso de que sea empleada esta forma de extinguir las obligaciones contemplada en el artículo 1714 y S.S. del Código Civil, derivaría en una infracción cambiaria. Lo mismo podría ocurrir si se emplean otras formas de extinguir las obligaciones que no se encuentren consagradas en la DCIP 83, pues el numeral 3 del artículo 3 del Decreto 2245 de 2011 reza: "3. Por extinguir las obligaciones sujetas a obligatoria canalización por medios diferentes a los autorizados por el régimen cambiario, se impondrá una multa del ciento por ciento (100 %) del monto extinguido".

2.2.7. *Falta de pago o pago por valores diferentes*

Dice el artículo 43 de la Resolución Externa 01 de 2018 lo siguiente:

> Artículo 43. Diferencias. No podrán canalizarse a través del mercado cambiario sumas superiores o inferiores a las efectivamente recibidas, ni efectuarse giros por montos diferentes a las obligaciones con el exterior.
> Podrán canalizarse a través del mercado cambiario sumas diferentes al valor de las operaciones de cambio obligatoriamente canalizables, siempre y cuando estas diferencias se presenten por causas justificadas.

Para el de la ausencia de las canalizaciones por importaciones, debe leerse este artículo en consonancia con el siguiente aparte del capítulo 3 DCIP 83:

> En las situaciones que impidan o hayan impedido jurídicamente a los importadores el cumplimiento de la obligación de pago al exterior (fuerza mayor, caso fortuito, inexistencia o inexigibilidad, entre otros), no será exigible la canalización del mismo a través del mercado cambiario.
> En todo caso, los importadores deberán conservar los documentos que justifiquen la no canalización o las diferencias ante la autoridad de control y vigilancia del régimen cambiario.

Y, en lo que respecta a las diferencias, indica el capítulo 3 DCIP 83 lo siguiente:

> Los importadores podrán canalizar a través del mercado cambiario pagos por montos superiores o inferiores al valor de la mercancía nacionalizada según la respectiva declaración de importación, siempre y cuando estas diferencias se presenten por razones justificadas, como sucede, entre otros, en los siguientes casos: (i) Mercancía embarcada sin haber sido nacionalizada; (ii) decomisos administrativos; (iii) abandonos de mercancía a favor del Estado; (iv) mercancía averiada y; (v) descuentos por defecto de la mercancía, pronto pago o volumen de compras.

En estos escenarios hay que hacer especial énfasis en la necesidad de la conservación de documentos y la justificación de la no canalización. Sin que haya lugar a presentar informe o reporte al Banco de la República[13].

Ahora bien, pese a la existencia de la normativa cambiaria que contempla la posibilidad de que las diferencias se presenten por "decomisos administrativos" sean justificables, no hay que dejar de lado la presunción de violación del régimen cambiario establecida en el parágrafo 7 del artículo

---

13 Banco de la República de Colombia, *Concepto de la secretaría de la junta directiva* JDS-08579 (Bogotá: Banco de la República, mayo de 2018).

3 del Decreto 2245 de 2011, tema que será tratado en el capítulo 6 de la presente obra.

2.2.8. Plazos y numerales cambiarios

En el caso de las importaciones, el principal criterio para establecer el numeral cambiario es el plazo en el que se realice el pago, pudiendo ser resumido de la siguiente forma:

- Para los pagos anticipados al embarque cuando el importador realice con recursos propios pagos anticipados sobre futuras importaciones, numeral cambiario 2017.
- Si el pago se efectúa en un plazo igual o inferior a un (1) mes, contados a partir de la fecha del documento de transporte, independientemente del plazo y monto financiado, deberá emplearse el numeral cambiario 2015 "Giro por importaciones de bienes ya embarcados en un plazo igual o inferior a un (1) mes y por importaciones de bienes pagados con divisas".
- Si el pago de las importaciones de bienes se efectúa entre un (1) mes y doce (12) meses, contados a partir de la fecha del documento de transporte, independientemente del plazo y monto financiado, numeral cambiario 2022 "Giro por importaciones de bienes ya embarcados en un plazo superior a un (1) mes e inferior o igual a doce (12) meses, financiadas por proveedores u otros no residentes".
- El numeral cambiario 2024 deberá ser empleado por concepto de "Giro por importaciones de bienes ya embarcados en un plazo superior a los doce (12) meses, financiadas por proveedores u otros no residentes, pagadas con divisas".

2.3. EXPORTACIONES

A la luz del artículo 3 del Decreto 1165 de 2019 se define la exportación de la siguiente forma:

> Es la salida de mercancías del territorio aduanero nacional con destino a otro país.
> También se considera exportación, además de las operaciones expresamente consagradas como tales en este Decreto, la salida de mercancías a una zona franca y a un depósito franco en los términos previstos en el presente Decreto.

Frente a las modalidades de exportación, se encuentran listadas en el artículo 343 del Decreto 1165 de 2019:

1. Exportación definitiva;
2. Exportación temporal para perfeccionamiento pasivo;
3. Exportación temporal para reimportación en el mismo estado;
4. Reexportación;
5. Reembarque;
6. Exportación por tráfico postal y envíos urgentes;
7. Exportación de muestras sin valor comercial;
8. Exportaciones temporales realizadas por viajeros;
9. Exportación de menajes y;
10. Programas Especiales de Exportación.

Respecto a los pagos y los regímenes de exportación, vale la misma lógica que para las modalidades de importación. De esta forma, si existe la obligación de pagar por parte del cliente, también tendrá el exportador la obligación de efectuar la correspondiente declaración, así, por ejemplo, en la exportación de muestras sin valor comercial, donde no se exija pago alguno tampoco se tiene la obligación cambiaria de declarar.

2.4. PAGO DE LAS EXPORTACIONES

Se puede afirmar que las reglas que se siguen en la exportación son bastante similares a las de la importación, situación que cobra sentido si se tiene en cuenta que la exportación es una operación inversa a la de importación. Es por lo anterior que se pueden canalizar sumas diferentes siempre y cuando se encuentren justificadas, persiste también la improcedencia de la compensación, la procedencia de la dación en pago y la posibilidad de no canalizar cuando sea jurídicamente imposible.

De igual forma, persiste la prohibición de canalizar pagos de exportaciones de bienes que hayan sido realizadas por otros en virtud del principio de coincidencia, encontrándose también los proveedores de servicio de pago agregadores habilitados para canalizar estos pagos a través de los IMC en los términos y condiciones establecidos por apartado 4.6. capítulo 4 DCIP 83.

2.4.1. Canalización del pago en divisas

Al recibir el pago de una exportación, con el fin de que quede debidamente canalizado, deberá el exportador residente presentar la información de los datos mínimos de las operaciones de cambio por exportaciones de bienes (declaración de cambio). A diferencia del capítulo 3 de la DCIP 83, el capítulo 4 permite que el pago sea recibido en efectivo en divisas por parte del residente exportador, escenario en el que el residente deberá efectuar la entrega de los recursos de forma directa a su IMC en Colombia dentro de un término máximo de seis meses[14].

Sumado a lo anterior, existe la posibilidad de que sean efectuados pagos por concepto de exportaciones de títulos representativos de divisas, los cuales deberán ser declarados en los términos y condiciones establecidos por la DIAN, por parte de la persona que los ingrese al territorio nacional o por parte de la empresa especializada en transporte de valores, según sea el caso, y cuando ellos superen los USD 10 000 o su equivalente, esto en concordancia con el parágrafo 2 del artículo 87 de la Resolución Externa 01 de 2018, esto sin perjuicio de verse obligado a presentar la declaración de cambios correspondiente.

2.4.2. Recepción del pago de la exportación en moneda legal

El capítulo 4 de la DCIP 83 establece la posibilidad de recibir el pago en moneda legal, siempre y cuando el mismo sea canalizado a través de los IMC y que el pago sea realizado por parte del no residente, valiéndose para ello de una cuenta de uso general, en los términos del numeral 10.4.2.1. del capítulo 10 de la DCIP 83. En este evento, la declaración de cambios correspondiente deberá contar con numeral cambiario 1060 y ser presentada por el exportador ante el IMC al que se le abonan los recursos, dentro de los cinco días hábiles siguientes indicando el valor pagado en dólares que se entiende reintegrado.

2.4.3. Recepción del pago de la exportación mediante tarjetas de crédito o débito

Previo a la expedición del Boletín del Banco de la República n.° 60 de diciembre 13 de 2021, el capítulo 4 de la DCIP 83 establecía en su artículo 4.1.2. lo siguiente:

---

14 Rodríguez, "Obligaciones cambiarias en operaciones de comercio exterior", 96.

> 4.1.2. Pago de exportaciones de bienes con tarjetas de crédito
> En las exportaciones pagadas con tarjeta de crédito el exportador deberá seguir el siguiente procedimiento:
> a. Si el pago con tarjeta de crédito implica el abono de los recursos en moneda legal colombiana en la cuenta del exportador, se deberá suministrar la información de los datos mínimos de las operaciones de cambio por exportaciones de bienes (Declaración de Cambio) al IMC dentro de los cinco (5) días hábiles siguientes a la canalización del pago mediante el abono en cuenta, utilizando el numeral cambiario 1061 "Pago de exportaciones de bienes en moneda legal colombiana con tarjeta de crédito".
> (...)

Como se evidencia, la anterior normativa establecía la obligación formal de presentar la Declaración de Cambios correspondiente al pago de las exportaciones, la que además debía presentarse dentro de un término de cinco días. Situación que fácilmente derivaba en incumplimientos por parte del importador.

Con la nueva normativa el literal a) del artículo 4.1.2. del capítulo 4 de la DCIP 83 cuenta ahora con la siguiente redacción:

> (...)
> a. Cuando el abono de los recursos se realice en la cuenta en moneda legal colombiana del exportador, el registro del abono en la cuenta del exportador constituye la declaración de cambio.
> (...)

Como se puede evidenciar con la nueva norma se ha seguido con la tendencia de la normativa cambiaria tendiente a su flexibilización, pues, que el registro del abono constituya la declaración de cambio, deriva en una reducción sustancial de las cargas operativas, no solamente para el exportador, sino además para los IMC.

2.4.4. Mercancías exportadas y numerales cambiarios

Al momento de efectuar la declaración de cambios ante el IMC, se deben tener en consideración dos criterios fundamentales para establecer los numerales cambiarios:

1. El tipo de las mercancías, pues hay numerales cambiarios diferenciales para café, carbón, ferroníquel, petróleo y sus derivados; además por supuesto, de uno general (Numeral Cambiario, 1040) para los que no entren en las categorías mencionadas.

2. Si el pago es anticipado (Numeral Cambiario, 1050) o si su financiación es realizada por el exportador por un término superior a los doce meses (Numeral Cambiario, 1043). Escenario en el que se debe tener en cuenta la fecha de la declaración de exportación definitiva.

Lo anterior, sin perjuicio de la existencia de numerales cambiarios específicos para operaciones cuyo reintegro sea realizado a través de proveedores de servicio de pago agregadores, pago en moneda legal o dación en pago.

2.5. OPERACIONES CON USUARIOS DE ZONA FRANCA

Si bien las zonas francas son tratadas por la normativa aduanera como una ficción jurídica de extraterritorialidad para fines de comercio internacional, en materia de cambios internacionales se ha establecido en la Resolución Externa 01 de 2018 el sometimiento de los usuarios de zonas francas como residentes:

> Artículo 92. Operaciones de cambio. Los usuarios de las zonas francas estarán sometidos a los mismos términos y condiciones de que trata esta resolución para los residentes en el país en sus operaciones de cambio.
> (...)
> Artículo 93. Operaciones con residentes. Las operaciones que se realicen entre residentes y usuarios de zonas francas o entre estos, se consideran una operación interna, independientemente de su regulación aduanera y por lo tanto se pagarán en moneda legal colombiana.

Así las cosas, los usuarios de Zona Franca tendrán que cumplir con el suministro de información (declaración de cambios) de conformidad con el literal e) del capítulo 9 de la DCIP 83:

> Para la introducción de bienes a zona franca desde el resto del mundo o la exportación de bienes desde zona franca al resto del mundo, se deberá suministrar la información de los datos mínimos de las operaciones de cambio por importaciones de bienes o exportaciones de bienes (Declaración de Cambio), utilizando los numerales cambiarios de acuerdo con lo dispuesto en los Capítulos 3 y 4 de esta Circular, independientemente de la calificación aduanera. Estarán obligados a suministrar la mencionada información (Declaración de Cambio), tanto los usuarios de zona franca como los residentes no usuarios que hagan depósitos de mercancías en zona franca.

Aunque si las mercancías que se encuentran en Zona Franca son propiedad de un no residente, el residente que efectúa la compra o venta de las mercancías tiene la obligación de canalizar los pagos, como lo dice el literal k) del capítulo 9 de la DCIP 83 de 2004:

> Operaciones de no residentes. Los residentes que importen al territorio aduanero nacional bienes que se encuentren en zona franca de propiedad de no residentes, deberán suministrar la información de los datos mínimos de las operaciones de cambio por importaciones de bienes (Declaración de Cambio) al momento de pago al exterior, de conformidad con lo previsto en el Capítulo 3 de esta Circular. Para efectos de contabilizar el término previsto en los numerales 3.1. y 3.2. del Capítulo 3 de esta Circular, se deberá tener en cuenta la fecha del "Formulario movimiento de mercancías zona franca-salida" o de la factura de compraventa cuando la mercancía no salga de la zona franca.
>
> Los residentes que vendan mercancía a un no residente y éste la almacene en zona franca, deberán suministrar la información de los datos mínimos de las operaciones de cambio por exportaciones de bienes (Declaración de Cambio) al momento del reintegro, de conformidad con lo previsto en el numeral 4.2. del Capítulo 4 de esta Circular.

Con lo anterior lo que busca significar es que la obligación de presentar la declaración de cambios y de adquirir las divisas ante un IMC dependerán no de si el proveedor o el comprador se encuentran ubicados en Zona Franca, sino de la calidad de residente o no residente que tenga quien interviene en la operación de comercio internacional. Como bien se puede apreciar en la norma antes transcrita y en el literal j) del capítulo 9 de la DCIP 83:

> Operaciones entre usuarios de zonas francas y residentes. Las operaciones entre usuarios de zonas francas y residentes y viceversa no están sujetas al suministro de la información de los datos mínimos de las operaciones de cambio (Declaración de Cambio) independientemente de la regulación aduanera aplicable. Por lo tanto la operación se considera como operación reembolsable pagadera en moneda legal colombiana.

Capítulo 3.

Endeudamiento externo y avales y garantías

Tanto las operaciones de endeudamiento como las de avales y garantías se encuentran listadas, respectivamente, en los numerales 2 y 6 del artículo 41 de la Resolución Externa 01 de 2018. No está de más informar al lector que la razón por la cual se exponen estas dos operaciones de obligatoria canalización de forma conjunta, es porque si bien los avales y las garantías pueden versar sobre otras operaciones, pues su naturaleza es accesoria. Las operaciones a las que suelen ser llamadas a garantizar son las de endeudamiento, existiendo además la posibilidad de que el mismo aval o garantía derive en un endeudamiento externo.

Justificada entonces la motivación para tener estos dos temas en el mismo capítulo, se procederá a su desarrollo comenzando por el endeudamiento, pasando por los créditos pasivos y los activos, para llegar, finalmente, a los avales y garantías.

3.1. ENDEUDAMIENTO EXTERNO

Como ya se venía mencionando, esta operación hace parte del mercado cambiario y así lo refrenda el artículo 44 de la Resolución Externa 01 de 2018 de la siguiente forma:

> Los créditos entre residentes o intermediarios del mercado cambiario y no residentes son créditos externos. También son créditos externos los créditos otorgados por los intermediarios del mercado cambiario a los residentes o a otros intermediarios del mercado cambiario estipulados en moneda extranjera.
>
> Estos créditos deben canalizarse a través del mercado cambiario, de conformidad con la presente resolución y con la reglamentación de carácter general que señale el Banco de la República.
>
> **Parágrafo 1.** El declarante deberá presentar al intermediario del mercado cambiario con el cual efectúe la operación, constancia de la constitución del depósito de que trata el artículo 47 de la presente resolución. Dicho intermediario verificará la constitución del depósito en los términos que señale el Banco de la República[15].

---

15 El parágrafo 2 del artículo que establecía una prohibición general de que las personas naturales no residentes fungieran como acreedores fue derogado. Junta

Este artículo trae la obligación formal de constituir un depósito frente a ciertas operaciones del mercado cambiario, entre las cuales se encuentra el endeudamiento externo en los términos del artículo 47 de la Resolución Externa 01 de 2018; pese a lo anterior, dicho sea de paso, el depósito antes referido se encuentra en una tarifa del 0 % en los términos del artículo 48 *ibidem.*

El artículo 45 de la Resolución Externa 01 de 2018 trae además la posibilidad de que los créditos externos sean desembolsados o pagados tanto en divisas como en moneda legal; y lo mismo aplica para las operaciones de endeudamiento entre un residente y un IMC o entre dos IMC. De lo referido se desprende que la DCIP 83 contemple en su capítulo 5 el endeudamiento externo, reglamentando en él todos los pormenores de la operación del mercado cambiario.

El mismo capítulo 5 de la DCIP 83 establece diferencias en el tratamiento entre créditos pasivos y créditos activos, siendo los primeros donde el residente funge como deudor de un no residente o de un IMC; y los segundos donde el residente es el acreedor de un no residente, como a continuación se va a exponer.

3.1.1. Endeudamiento pasivo

Un crédito pasivo es aquel en el que la parte pasiva (deudor) es un residente, mientras la parte activa (acreedor) es un no residente o un IMC, en este último caso siempre y cuando la operación sea realizada en divisas, pues de lo contrario estaremos en presencia de una operación interna.

3.1.1.1. Registro del acreedor

En el caso de las operaciones pasivas, se contará con un acreedor no residente en el país, esto conlleva a que para este tipo de operaciones el acreedor pueda ser identificado a través del sistema dispuesto para ello por el Banco de la República. Si el acreedor no se encuentra registrado aún, por parte del residente se deberá adelantar la obtención del código del no residente, registro que, si bien se sigue adelantando a través de un IMC, con la versión de DCIP 83 del 12 de septiembre de 2023 no se hace

---

Directiva del Banco de la República, Resolución Externa 4 de 2021, aprobado el 28 de mayo de 2021, art. 6.

mediante formulario n.° 6, sino en las condiciones que sean establecidas por el IMC ante el que se vaya a efectuar el registro.

3.1.1.2. Registro del endeudamiento pasivo

Con la sustitución en su integridad de la DCIP 83 efectuada a través del boletín de la Junta Directiva del Banco de la República número 36 el 12 de septiembre de 2023, se eliminó el formulario n.° 6 y su respectivo instructivo; pero el que se hayan eliminado estos documentos no implica que se haya eliminado también la obligación de efectuar el registro de la operación de endeudamiento pasivo.

Es posible afirmar lo anterior, pues el nuevo capítulo 5 de la DCIP 83 ahora consagra en su artículo 5.6. un *Informe de Crédito Externo (otorgado a residentes y no residentes)*, que deberá ser presentado a un IMC con el fin de que se proceda a efectuar el registro correspondiente.

Así que las operaciones de endeudamiento pasivo ya no serán registradas mediante formulario n.° 6, sino a través del *Informe de Crédito Externo Otorgado a Residentes* en el que serán plasmadas las condiciones del crédito pasivo, tales como identificación del acreedor, monto en divisas y en pesos de la obligación, plazos, plan de amortización, entre otros; las cuales deben verse reflejadas en el contrato o documentación soporte de la operación, la que además le deberá ser anexada al IMC con el informe. Esto previa constitución depósito correspondiente de conformidad al artículo 47 de la Resolución Externa 01 de 2018, que en la actualidad se encuentra a una tarifa del 0 %.

Una vez presentado el Informe al IMC, este último le otorgará un número de identificación al crédito, el cual deberá verse reflejado, posteriormente, en la declaración de cambio por endeudamiento externo al momento de realizar el desembolso por parte del no residente y los pagos que sean efectuados por el residente.

3.1.1.3. Endeudamientos pasivos que no deben ser registrados

El artículo 5.1.2. del capítulo 5 de la DCIP 83 establece un listado de créditos externos en los que no es necesario presentar el informe:

> No tendrán obligación de informe los siguientes créditos externos:
> - Los que obtengan los residentes por el uso de tarjetas de crédito.
> - Los generados por los sobregiros en cuentas en el exterior de residentes.

> - Los obtenidos por IMC para realizar operaciones activas de leasing de exportación o de importación estipuladas en moneda extranjera.
> - Los obtenidos por residentes para financiar sus importaciones y exportaciones de bienes, salvo las excepciones previstas en este capítulo.
> - Los que obtengan los IMC para actuar como proveedores locales de liquidez de moneda extranjera con los sistemas de compensación y liquidación de divisas o con las Cámaras de Riesgo Central de Contraparte.
> - Los que obtengan los IMC, incluyendo las sociedades comisionistas de bolsa de valores en desarrollo de lo previsto en el parágrafo 3 del artículo 8 de la Resolución Externa 1/18 J. D.

Ahora, el hecho de que no tenga la obligación de registrar el endeudamiento no implica que no deba presentarse declaración de cambios por su desembolso o pago, situaciones que deberán ser analizadas caso por caso, pues dependiendo de la operación, variarán las formalidades relacionadas con su canalización.

3.1.1.4. Operaciones de comercio internacional que se registran como endeudamiento

Pese a que en las operaciones de comercio internacional en las que una de las partes (proveedor o exportador) financie directamente la operación, no es requisito que se realice el registro del endeudamiento, existen situaciones en las que es necesario efectuar el registro. Lo anterior puede ser evidenciado en las operaciones de leasing o arrendamiento financiero, donde pese a efectuarse una importación debe registrarse la operación mediante el *Informe de Crédito Externo Otorgado a Residentes* ante un IMC y el pago debe canalizado como amortización del endeudamiento y no como el pago por una importación en los términos del artículo 3.3. del capítulo 3 de la DCIP 83.

Respecto a las exportaciones, podemos encontrar en el artículo 4.3. del capítulo 4 de la DCIP 83 la posibilidad de efectuar una prefinanciación, donde un no residente o un IMC le otorga un crédito para una futura exportación a un residente, crédito que debe ser registrado mediante el *Informe de Crédito Externo Otorgado a Residentes*, además de presentar la declaración de cambio por endeudamiento externo por el desembolso.

En este tipo de endeudamientos existe la posibilidad de que el residente pague desde el territorio nacional dichas sumas presentando la declaración de cambio por endeudamiento externo y adquiriendo las divisas ante su IMC o, que quien le va a realizar el pago por el concepto de la exportación efectúe la transferencia de los dineros al titular del endeudamiento en divisas el exterior, en cuyo caso el residente exportador deberá presentar la "Información de datos mínimos para operaciones de cambio por crédito externo" (declaración de cambio) y en ella debe expresarse la razón de no canalización dentro de los quince (15) días hábiles siguientes a la fecha en que se efectuó la operación.

3.1.1.5. Desembolso de endeudamientos pasivos en divisas

Con la modificación de septiembre de 2023 se eliminó la posibilidad de que con la presentación del formulario 6 (hoy *Informe de Crédito Externo Otorgado a Residentes*) se reemplazara la declaración de cambios. Así que en la actualidad el residente deudor deberá primero efectuar el registro del endeudamiento y posterior a ello, una vez el desembolso sea efectuado, deberá presentar la información de datos mínimos para operaciones de cambio por endeudamiento externo (declaración de cambios) ante el IMC que recibe las divisas.

3.1.1.6. Desembolso de endeudamientos pasivos en pesos

Otra situación también regulada en el capítulo 5 de la DCIP 83, es la de recibir el desembolso en moneda legal, esto siempre y cuando el no residente tenga una cuenta de uso exclusivo en los términos y condiciones descritas en el literal d) del artículo 10.4.2.2. del capítulo 10 de la DCIP 83.

Ahora bien, en caso de que sea efectuado el desembolso por parte de un no residente a un residente mediante una transferencia proveniente de la cuenta de uso exclusivo, a la cuenta de ahorros o corriente del segundo; deberá el residente presentar el *Informe de Crédito Externo Otorgado a Residentes* y la declaración de cambios por endeudamiento externo de forma simultánea. Para presentar el informe y la declaración de cambios al IMC en el cual tiene abierta la cuenta que recibe el desembolso, el residente tiene un plazo de máximo quince días hábiles.

3.1.1.7. Desembolso de endeudamientos pasivos en el exterior

La normativa cambiaria permite que ciertos créditos no tengan que ser girados al territorio nacional a través de un IMC al momento del desembolso, sino que se paguen directamente en divisas en el exterior, pero ello no obsta para que se tenga que cumplir con la presentación de la declaración de cambios que corresponda.

Previo a la modificación de septiembre de 2023 hecha a la DCIP 83 se presentaba la "Información de datos mínimos de excepciones a desembolsos y pagos", pero con la eliminación de artículo 5.5. del capítulo 5 de la DCIP 83 debe ser presentada la "Información de datos mínimos para operaciones de cambio por crédito externo" (declaración de cambio) y en ella debe expresarse la razón de no canalización que debe coincidir con alguna de las listadas en el artículo 5.1.5. *ibidem:*

> a. Cuando se trate de créditos obtenidos para realizar inversión de capital colombiano en el exterior y financiera y en activos en el exterior.
> b. Las deducciones que efectúe el acreedor al momento del desembolso del crédito por concepto de intereses, impuestos y/o servicios vinculados directamente con el préstamo.
> c. Cuando se trate de la sustitución de un crédito por otro.
> d. (Eliminado).
> e. Los recursos que entregue BANCOLDEX a Segurexpo de Colombia S.A. en desarrollo de créditos contratados por la Nación con BANCOLDEX para atender el pago de indemnizaciones derivadas de siniestros que afecten pólizas de seguro de crédito a la exportación en la modalidad de riesgos políticos y extraordinarios garantizados por la Nación.
> f. Cuando se trate de créditos contratados por residentes para cubrir las obligaciones derivadas de la compra a entidades públicas colombianas de acciones, participaciones o cuotas de sociedades colombianas o derechos de suscripción preferencial de las mismas, o de la remuneración correspondiente a contratos de concesión o licencia.
> g. Cuando se trate de créditos obtenidos para los propósitos previstos en el numeral 4 del artículo 49 de la R. E. 1/18 J. D.
> h. Cuando se trate de créditos externos que incluyan la financiación del depósito en dólares de los Estados Unidos de América, se exonera de canalización a través del mercado cambiario la porción que se destine a la constitución de dicho depósito.
> i. Cuando se trate de créditos obtenidos para pagar créditos de importaciones.

3.1.1.8. Pago de los endeudamientos pasivos en divisas

El residente para efectuar de forma válida el pago del endeudamiento, deberá adquirir las divisas a un IMC, al cual además deberá presentarle la "Información de datos mínimos para operaciones de cambio por crédito externo" (declaración de cambio) al IMC.

El IMC al momento que le sea presentada la declaración de cambio, deberá además exigir el número asignado al Informe de Crédito Externo Otorgado a Residentes y tendrá la obligación de constatar que las condiciones del pago se correspondan con el endeudamiento previamente informado.

3.1.1.9. Dación en pago

El artículo 5.1.7.1. del capítulo 5 de la DCIP 83 permite que se realice la dación en el pago de las obligaciones en las que se hayan registrado como endeudamiento externo:

> Las obligaciones de créditos informados o registrados como endeudamiento externo podrán extinguirse mediante dación en pago. En estos casos, debe suministrarse la información de los datos mínimos de la declaración de cambio de crédito externo indicando la razón de no canalización al IMC o transmitirla directamente por el titular de cuenta de compensación al DCIP del Banrep a fin de aplicar el monto que se entiende pagado, utilizando los códigos 33, 34 o 35, según corresponda. [fin de cita]
> Con la eliminación de la "Información de datos mínimos de excepciones a desembolsos y pagos", pasa entonces a suministrarse la declaración de cambios por crédito externo, pero en ella se deben indicar, mediante códigos el motivo encontrándose estos descritos en el artículo 5.8. del capítulo 5 de la DCIP 83 de la siguiente forma:
> [inicio de cita] • 33: Dación en pago de crédito de capital de trabajo —persona jurídica—.
> • 34: Dación en pago de crédito de capital de trabajo —persona natural—.
> • 35: Dación en pago de crédito de financiación de comercio exterior.

3.1.1.10. Pago del endeudamiento pasivo en pesos

De forma análoga al desembolso del endeudamiento en moneda legal, resulta viable que el pago sea efectuado de esta manera, siempre y cuando el no residente tenga una cuenta de uso exclusivo en los términos y condiciones descritas en el literal d) del artículo 10.4.2.2. del capítulo 10 de la DCIP 83. En este caso el residente cuenta con un término máximo de quince días hábiles para presentar la declaración de cambio por endeudamiento al IMC desde el que se realizó el pago.

3.1.1.11. Imposibilidad del pago

Con la modificación de septiembre de 2023 de la DCIP 83, se varió el procedimiento establecido en el artículo 5.1.7.3. del capítulo 5 para el reporte de la imposibilidad jurídica de cumplir la obligación de pago de las operaciones de endeudamiento externo (fuerza mayor, caso fortuito, inexistencia o inexigibilidad, entre otras).

Bajo la nueva normativa deberá presentarse la "Información de datos mínimos para operaciones de cambio por crédito externo" indicando la razón de no canalización, que debe coincidir con una de las que se encuentren listadas en el artículo 5.8. del capítulo 5 de la DCIP 83, que para el particular podría ser una de las siguientes:

> 5.8 Razones de no canalización
> (...)
> • 29: Cancelación del informe del crédito externo de capital de trabajo por la imposibilidad de pago —persona jurídica—.
> (...)
> • 31: Cancelación del informe del crédito externo de capital de trabajo por la imposibilidad de pago —persona natural—.
> • 32: Cancelación del informe del crédito externo de financiación de comercio exterior por la imposibilidad de pago.

Ahora bien, en caso de que la declaración de cambio en la que consta la imposibilidad del pago sea presentada ante un IMC, el residente deudor tendrá la obligación de presentarle al IMC al que le presenta la declaración de cambios, de suministrar el certificado emitido por el revisor fiscal o contador público, según corresponda, en que conste cancelación de la cuenta por cobrar.

3.1.1.12. Indexación de créditos informados

El artículo 5.1.6.2 establece el procedimiento a seguir en el evento en el que exista diferencia entre los montos informados y los canalizados, siempre y cuando esta diferencia se derive de la indexación del crédito a pesos colombianos o a otra moneda. En ese escenario previo al pago de la última cuota el residente deudor deberá cumplir con el literal que corresponda del artículo referido:

> a. Si es mayor el valor pagado al monto informado, deberá modificarse el monto informado del crédito, aumentándolo, y actualizando el plan de amortización (incluye las cuotas amortizadas). Adicionalmente, deberá suministrarse al IMC la información de los datos mínimos de la declaración de cambio de créditos externos indicando la razón de no canalización o transmitirla directamente si el residente es titular de cuenta de compensación, por el desembolso del mayor valor.
> b. Si es menor el valor pagado al monto informado, deberá suministrarse al IMC la información de los datos mínimos de la declaración de cambio de créditos externos indicando la razón de no canalización o transmitirla directamente si el residente es titular de cuenta de compensación, por amortización del saldo del crédito.

3.1.1.13. Castigo de cartera

Esta figura se encuentra consagrada en el artículo 5.1.7.2. del capítulo 5 de la DCIP 83 y es de uso privativo de los intermediarios del mercado cambiario, siendo estos los únicos habilitados para hacer castigos de cartera desde la perspectiva cambiaria, siendo necesario que transmitan a nombre propio la declaración de cambios con alguno de los siguientes numerales cambiarios:

4500 "Amortización de créditos-deuda privada-otorgados por intermediarios del mercado cambiario a residentes en el país".

4615 "Amortización créditos–deuda pública- otorgados por intermediarios del mercado cambiario a entidades del sector público".

3.1.2. Endeudamiento activo

Este tipo de créditos son aquellos en los cuales el no residente es la parte deudora, y el residente o el IMC son los acreedores. Hay que empezar por decir que en estos asuntos no es necesario constituir el depósito del que trata el artículo 47 de la Resolución Externa 01 de 2018, pues en este caso el inciso final del aparte 5.2.2. del capítulo 5 de la DCIP 81 estableció que los créditos activos no tendrán que cumplir con esta carga.

3.1.2.1. Endeudamiento activo en pesos colombianos

Los préstamos por parte de residentes a no residentes en moneda legal, es decir, en peso colombiano, no tienen la carga de ser registrados, salvo que el acreedor sea un IMC como lo establece el artículo 5.2.6. del capítulo 5 de la DCIP 83:

> Los residentes y los IMC pueden otorgar créditos externos desembolsados en moneda legal en favor de no residentes. Cuando estos créditos sean otorgados por residentes no requerirán ningún informe ante el Banrep. Cuando el acreedor sea un IMC, estos créditos y los que resulten de la ejecución de un aval o garantía en moneda legal, deberán informarse trimestralmente al Banrep, dentro del mes calendario siguiente al corte de cada trimestre, excluyendo los otorgados a personas naturales colombianas no residentes, al buzón DTIE prestamosnoresidentes@banrep.gov.co enviando el "Reporte de Préstamos en Moneda Legal Colombiana otorgados por IMC a no residentes". El incumplimiento de esta obligación será informado a la Superintendencia Financiera de Colombia para lo de su competencia.

Ahora, el que no se requiera el *Informe de Crédito Externo Otorgado no Residentes* (antes formulario 7), no implica que la operación se asemeje a una del mercado no regulado, pues el mismo artículo 5.2.6. establece que el desembolso y pago debe hacerse a través de una cuenta de uso específico "el desembolso y pago del crédito en moneda legal de estas operaciones, debe efectuarse a través de la cuenta del no residente a la que se refiere el literal d. del numeral 10.4.2.2 del capítulo 10 de esta Circular".

3.1.2.2. Endeudamiento activo en divisas

Si el crédito es otorgado en divisas por parte del residente al no residente, sí debe seguirse el procedimiento establecido en el aparte 5.2.2. de la DCIP 83, donde básicamente se consagra un procedimiento análogo en el que se le solicitará al residente efectuar el registro del *Informe de Crédito Externo Otorgado no Residentes* (antes formulario 7) ante un IMC. Para este registro el residente acreedor deberá verificar que el no residente se encuentre registrado ante el Banco de la República, y en caso de no estarlo deberá adelantar el registro a través de un IMC.

Una vez efectuado el registro del endeudamiento activo es necesario efectuar el desembolso, en cuyo caso el residente deberá presentar la declaración de cambios a su IMC; además tiene el residente la carga de presentar la correspondiente declaración de cambios cuando sean recibidos abonos o sea pagado el crédito.

3.1.2.3. Remisión normativa en los créditos activos

El capítulo 5 de la DCIP 83 establece en artículo 5 que "Los procedimientos previstos en los numerales 5.1.6.2, 5.1.7.1, 5.1.7.2 y 5.1.7.3 de este Capítulo, son igualmente aplicables a los créditos activos." Los temas que corresponden con los numerales indicados son los siguientes:

- 5.1.6.2 Indexación de créditos informados.
- 5.1.7.1. Dación en pago.
- 5.1.7.2. Castigo de cartera.
- 5.1.7.3. Imposibilidad de pago.

3.2. AVALES Y GARANTÍAS

De acuerdo con lo expresado en la parte introductoria del presente capitulo, cuando se hace referencia a los avales y garantías se trata de operaciones del mercado cambiario, es decir, de obligatoria canalización. La Resolución Externa 01 de 2018 establece dos situaciones en materia de avales y garantías:

1. Que un residente o un IMC otorgue un aval o garantía en divisas para respaldar una obligación de otro residente, de un IMC, o de un no residente también en divisas o en moneda legal[16].
2. Que un no residente avale o garantice el cumplimiento de una obligación en pesos o divisas de otro no residente, un residente o un IMC[17].

3.2.1. Registro del aval o garantía

Estas operaciones del mercado cambiario se encuentran reglamentadas en el capítulo 6 de la DCIP 83, donde se dice que los avales o garantías avalados por parte de los residentes y no residentes no requieren la presentación de informes ante el Banco de la República, pero si quien está avalando o garantizado la operación es un IMC, sí deberá transmitir el formulario *Informe de Avales y Garantías otorgados por los IMC,* al buzón DODM-avales@banrep.gov.co, dentro del mes siguiente al que ha sido otorgado el aval o la garantía.

3.2.2. Ejecución de aval o garantía que genera endeudamiento externo

Pese a que no se le impone la carga de presentar formularios por concepto de avales y garantías a los residentes y no residentes, ello no obsta para que tenga que cumplir con diferentes obligaciones formales dependiendo de los pormenores del negocio causal avalado o garantizado. Así las cosas, resulta posible que se tengan que efectuar declaraciones de cambios e incluso registros de endeudamientos activos o pasivos.

La necesidad de los registros de endeudamiento activos o pasivos, como se dijo en el párrafo anterior, dependerán de si el aval o garantía será posteriormente reintegrado al avalista, y en el capítulo 6 de la DCIP 83 el men-

---

[16] Resolución Externa 01 de 2018, artículo 52.

[17] Resolución Externa 01 de 2018, artículo 53.

cionado requisito se encuentra plasmado en el aparte 6.2 de la siguiente forma:

> 6.2. Informe de endeudamiento
> El residente o IMC deberá cumplir con los procedimientos de informe del crédito externo previstos en el Capítulo 5 de esta Circular, al momento de la ejecución del aval o garantía, cuando con la ejecución se genere un crédito externo entre el avalista y el avalado en los términos del artículo 44 de la R. E 1/18 J. D., así:
> a. Si se genera un crédito externo pasivo, se deberá informar siguiendo el procedimiento previsto en el numeral 5.1.2, mediante la presentación del Informe de Crédito Externo Otorgado a Residentes, utilizando el propósito 45 "Crédito externo pasivo derivado de la ejecución de avales o garantías".
> b. Si se genera un crédito externo activo, se deberá informar siguiendo el procedimiento previsto en el numeral 5.2.2, mediante la presentación del Informe de Crédito Externo Otorgado a No Residentes, utilizando el propósito 47 "Crédito externo activo derivado de la ejecución de avales o garantías".
> c. Si se genera un crédito externo activo desembolsado en moneda legal por un IMC a un no residente, se deberá enviar el "Reporte de Préstamos en Moneda Legal Colombiana otorgados por IMC a no residentes" dentro del mes calendario siguiente al corte de cada trimestre, conforme a lo previsto en el numeral 5.2.6 del Capítulo 5 de esta Circular.
> Los créditos externos activos desembolsados en moneda legal por residentes a no residentes no requerirán ningún informe ante el Banrep.

Si en concordancia a lo anterior, se sigue el razonamiento que rige los pagos efectuados al exterior, si existe un desembolso o pago por los endeudamientos derivados del cumplimiento de avales y garantías, puede ocurrir que estos sean realizados en divisas, moneda legal o incluso que las sumas no sean monetizadas o reintegradas; esto se puede apreciar en el literal a) del aparte 6.3 del capítulo 6 de la DCIP 83 de la siguiente forma:

> a. Cuando se informa un crédito externo, aplican las siguientes reglas:
> i. Si hay lugar a la canalización de divisas:
> Se deberá suministrar al momento de la ejecución o de la restitución del aval la información de los datos mínimos de la operación de cambio por crédito externo (Declaración de Cambio) como desembolso o amortización del crédito externo informado, utilizando el numeral cambiario que corresponda.
> Cuando el beneficiario del aval o garantía sea un residente, al momento de recibir las divisas deberá suministrar la información de los datos mínimos de la operación por crédito externo (Declaración de Cambio) utilizando el numeral cambiario 4020 "Amortización de créditos otorgados por residentes en el país a no residentes" si la operación avalada corresponde a un crédito externo activo informado, o el numeral cambiario 1645 "Ingreso de divisas por la ejecución de avales o garantías a favor del beneficiario residente" en los demás casos.
> ii. Si no hay lugar a la canalización de las divisas se deberá suministrar, al momento de la ejecución o de la restitución del aval, la información de los datos mínimos de la declaración de cambio indicando la razón de no canali-

zación como desembolso o amortización del crédito externo informado (Declaración de Cambio), utilizando la razón 41 "Pago derivado de la ejecución o restitución de avales o garantías" y el numeral cambiario que corresponda.
iii. Si la ejecución o restitución del aval o garantía se efectúa en moneda legal y participa un no residente, se deberá utilizar la cuenta de uso exclusivo para operaciones de crédito externo a las que se refiere el numeral 10.4.2.2 literal d) del Capítulo 10 de esta Circular, suministrando la información de los datos mínimos de la operación de cambio por crédito externo (Declaración de Cambio), como desembolso o amortización del crédito externo informado, utilizando el numeral cambiario que corresponda.

3.2.3. Ejecución de aval o garantía sin que se genere endeudamiento externo

En caso de que el aval o garantía no tuviesen que serle reintegrados al avalista, es decir, cuando no se genere con el giro del aval o garantía un crédito externo susceptible de ser registrado, se entenderán debidamente canalizadas las sumas de dinero con la simple presentación de la declaración de cambios correspondiente en los términos del literal b) del aparte 6.3 del capítulo 6 de la DCIP 83 de la siguiente forma:

b. Cuando la ejecución de un aval o garantía no genere un crédito externo:
i. Si al momento de la ejecución del aval hay lugar a la canalización de divisas se deberá suministrar la información de los datos mínimos de la operación por crédito externo (Declaración de Cambio), utilizando los numerales cambiarios de ingreso 1645 "Ingreso de divisas por la ejecución de avales o garantías a favor del beneficiario residente" y de egreso 2619 "Egreso de divisas por la ejecución de avales o garantías".
ii. Si la ejecución o restitución del aval o garantía se efectúa entre residentes, se deberá efectuar en moneda legal, salvo lo previsto en el numeral 6.4 de este Capítulo.
iii. Si la ejecución o restitución del aval o garantía se efectúa en moneda legal y participa un no residente, se deberán utilizar las cuentas de uso exclusivo a las que se refiere el numeral 10.4.2.2 literal d) del Capítulo 10 de esta Circular.

Capítulo 4.

Inversión extranjera

Cuando se habla de inversiones extranjeras, se abarcan las operaciones del mercado cambiario que tienen que cumplir con ciertos requisitos exigidos por el Banco de la República y ser registradas como tal ante la misma entidad de conformidad a los numerales 3 y 4 del artículo 41 de la Resolución Externa 01 de 2018 expedida por la Junta Directiva del Banco de la República de la siguiente forma:

> Artículo 41. Operaciones. Las siguientes operaciones de cambio deberán canalizarse obligatoriamente a través del mercado cambiario:
> 3. Inversiones de capital del exterior en el país, así como los rendimientos asociados a las mismas.
> 4. Inversiones de capital colombiano en el exterior, así como los rendimientos asociados a las mismas.

El primer supuesto, es decir, el consagrado en el numeral 3 antes citado, regula entonces la parte correspondiente a la inversión entrante, y el numeral 4 la inversión saliente. Tendiendo presente que las mencionadas operaciones deben cumplir los requisitos establecidos por el Banco de la República, se pasará a definir lo que debe entenderse por los diferentes tipos de inversión y su regulación vigente con la sustitución en su integridad de la DCIP 83 efectuada a través del boletín de la Junta Directiva del Banco de la República número 36 el 12 de septiembre de 2023.

4.1. INVERSIÓN DEL EXTERIOR EN COLOMBIA

Como ya ha sido mencionado esta se trata de los capitales que ingresan al territorio colombiano cuyo inversor es un no residente para efectos cambiarios. Existen dos tipos de inversión entrante que pueden ser realizadas por los no residentes: en portafolio e inversión directa; dado que cada una de ellas tiene sus particularidades, se pasará a efectuar su exposición por separado.

4.1.1. Inversión en portafolio

Esta modalidad de inversión se encuentra definida en el artículo 2.17.2.2.1.2. del Decreto 1068 de 2015[18] de la siguiente forma:

> b) Se considera inversión de portafolio la que se realice sobre cualquiera de los siguientes activos:
> i) Los valores inscritos en el Registro Nacional de Valores y Emisores (RNVE), o listados en Sistemas de Cotización de Valores del Extranjero, de acuerdo con el Capítulo 1 del Título 6 del Libro 15 de la Parte 2 del Decreto 2555 de 2010, excepto los mencionados en los ordinales ii) y vii) del literal a) del presente artículo.
> ii) Las participaciones en fondos de inversión colectiva de que trata la Parte 3 del Decreto 2555 de 2010, o la norma que lo modifique o sustituya.
> iii) Las participaciones en programas de certificados de depósitos negociables representativos de valores.

Al tratarse entonces de una definición legal de conformidad al artículo 28 del Código Civil, es esta definición la llamada a ser aplicada. Sin embargo, el artículo 7.2.2. de la DCIP 83 también trae un listado para asuntos cambiarios y el cual guarda una estrecha relación con el arriba citado:

> 7.2.2. Inversión de portafolio
> Conforme a lo previsto en el literal b) del artículo 2.17.2.2.1.2 del Decreto 1068/2015, se considera inversión de capital del exterior de portafolio, la adquisición por parte de un inversionista no residente persona natural, jurídica o asimilada, de cualquiera de los siguientes activos:
> a) Valores inscritos en el RNVE, de acuerdo con el Decreto 2555 de 2010.
> b) Valores listados en Sistemas de Cotización de Valores del Extranjero de que trata la Parte 2, Libro 15, Título 6, Capítulos 1 y 2 del Decreto 2555 de 2010, y demás normas que lo modifiquen o reglamenten.
> c) Valores emitidos por entidades extranjeras e inscritos en el RNVE de que trata el Decreto 4804 de 2010 y demás normas que lo modifiquen o sustituyan.
> d) Fondos de inversión colectiva de que trata la Parte 3 del Decreto 2555 de 2010.
> e) Programas de certificados de depósitos negociables representativos de valores (ADR's/GDR's/GDN's, entre otros) (...)

---

18 El 2 del Decreto 119 de 2017, el cual reformó la totalidad del título 2 de la parte 17 del libro 2 del Decreto 1068 de 2015, el cual corresponde al régimen de inversión extranjera. Vale la pena decir que la entrada en vigor del Decreto 119 de 2017 se dio con la expedición del boletín n.° 23 del Banco de la República del 26 de julio de 2017.

4.1.1.1. El administrador en la inversión en portafolio

Esta modalidad de inversión debe ser realizada por el no residente, a través de un administrador, que en los términos del literal b) del artículo 7.1.2. del capítulo 7 de la DCIP 83 es un sujeto cualificado para estos asuntos:

> 7.1.2. Representación del inversionista
> Los inversionistas de capital del exterior deberán nombrar un apoderado en Colombia, conforme al artículo 2.17.2.2.2.3 del Decreto 1068/2015.
> (...)
> d) La inversión de capital del exterior de portafolio solamente podrá realizarse a través de un administrador, quien será el apoderado del inversionista no residente. Podrán actuar como administradores, las sociedades comisionistas de bolsa, las sociedades fiduciarias o las sociedades administradoras de inversión, conforme a lo señalado en el Decreto 1068/2015 y demás normas aplicables.

Vale la pena recordar que, en el caso de los Comisionistas de Bolsa, además de fungir como administradores, también pueden ostentar la calidad de IMC de conformidad a los artículos 7 y 8 de la Resolución Externa 01 de 2018 en caso de que cumpla con los requisitos para hacer parte del grupo 3. La entidad administradora que además es apoderada del no residente y tiene que velar por el cumplimiento de las obligaciones tributarias, cambiarias, de suministro de información y las demás que sean señaladas por las entidades competentes[19].

4.1.1.2. Canalización de divisas

En caso de que el administrador no ostente la calidad de IMC, las divisas deberán ser negociadas y canalizadas a través de uno, siendo entonces necesario que se presente la información de los datos mínimos de las operaciones de cambio por inversiones internacionales (Declaración de Cambio) al IMC. Además, deberá el administrador presentar al Banco de la República, mensualmente dentro de los diez días hábiles siguientes al mes que reporta, el "Reporte Estadístico de Inversiones de Capital del Exterior de Portafolio en Colombia —IPEXT—" como lo establece el aparte 7.2.2.6. del capítulo 7 de la DCIP 83.

---

19 Presidente de la República de Colombia, Decreto 1068 de 2015: Por medio del cual se expide el Decreto Único Reglamentario del Sector Hacienda y Crédito Público, artículo 2.17.2.2.2.3.

Ahora, si el Administrador ostenta la calidad de IMC deberá remitir la información directamente al Banco de la República en los términos establecidos para ello en el anexo 2 de la DCIP 83. Al ser debidamente canalizada la operación, el inversionista puede hacer uso de sus derechos cambiarios[20], y en vez de solicitar que le sean giradas sus utilidades puede optar por una capitalización, en cuyo caso el administrador procederá a efectuar la anotación en cuenta en el depósito centralizado de valores local.

De igual forma, puede la Sociedad Comisionista de Bolsa canalizar tanto los ingresos como los egresos de divisas mediante una cuenta de compensación de uso colectivo, en caso de ser el administrador por concepto de inversión extranjera, para lo que deberá presentar el *Informe de movimientos de cuenta de compensación* (antes formulario n.° 10) utilizando el numeral cambiario 4038 "Inversión de capital del exterior de portafolio en valores emitidos por entidades extranjeras e inscritos en el RNVE–Decreto 4804 del 29 de diciembre de 2010"; lo anterior, sin perjuicio del "Reporte Estadístico de Inversiones de Capital del Exterior de Portafolio en Colombia —IPEXT—".

4.1.2. Inversión directa

A través de la inversión directa se busca desarrollar una actividad en Colombia, o hacer parte de una actividad o empresa que ya está siendo desarrollada; en ambos escenarios con vocación de permanencia, siendo este ánimo el que incluso puede hacer que una inversión en portafolio pueda ser tenida como inversión lo establece el inciso 2 del artículo 7.2.2. del capítulo 7 de la DCIP 83:

> La inversión de capital del exterior con ánimo de permanencia en participaciones emitidas por una sociedad residente en Colombia, deberá ser declarada como inversión directa aun cuando éstas se encuentren inscritas en el Registro Nacional de Valores y Emisores (RNVE).

El artículo 2.17.2.2.1.2. del Decreto 1068 de 2015 establece un listado de situaciones que deben ser tenidas en cuenta como inversión directa:

> a) Se considera inversión directa la que se realice sobre cualquiera de los siguientes activos:

---

20 Estos derechos se encuentran consagrados en el Decreto 1068 de 2015, artículo 2.17.2.2.3.1 y acerca de ellos se va a hablar más adelante en el acápite correspondiente a la inversión directa.

> i) Las participaciones, en cualquier proporción, en el capital de una empresa residente en Colombia, en acciones, cuotas sociales, aportes representativos de capital, o bonos obligatoriamente convertibles en acciones, siempre y cuando estos no se encuentren inscritos en el Registro Nacional de Valores y Emisores (RNVE), o en un Sistema de Cotización de Valores del Extranjero, de acuerdo con el Capítulo 1 del Título 6 del Libro 15 de la Parte 2 del Decreto 2555 de 2010;
> ii) Las participaciones mencionadas en el ordinal anterior, realizadas en una sociedad residente en Colombia y que se encuentren inscritas en el Registro Nacional de Valores y Emisores (RNVE), cuando el inversionista declare que han sido adquiridas con ánimo de permanencia;
> iii) Los derechos o participaciones en negocios fiduciarios celebrados con sociedades fiduciarias sometidas a la inspección y vigilancia de la Superintendencia Financiera de Colombia, cuyo objeto no se constituya en lo señalado en el literal b) del presente artículo;
> iv) Los inmuebles ubicados en el país, adquiridos a cualquier título, bien sea directamente o mediante la celebración de negocios fiduciarios, o como resultado de un proceso de titularización inmobiliaria de un inmueble o de proyectos de construcción, y siempre que el título respectivo no se encuentre inscrito en el Registro Nacional de Valores y Emisores (RNVE);
> v) Las participaciones o derechos económicos derivados de actos o contratos, tales como los de colaboración, concesión, servicios de administración, licencia, consorcios o uniones temporales o aquellos que impliquen transferencia de tecnología, cuando estos no representen una participación en una sociedad y las rentas o ingresos que genere la inversión dependan de las utilidades de la empresa;
> vi) Las participaciones en el capital asignado e inversiones suplementarias al capital asignado de una sucursal de una sociedad extranjera establecida en el país;
> vii) Las participaciones en fondos de capital privado de que trata el Libro Tercero de la Parte Tercera del Decreto 2555 de 2010, o las normas que lo modifiquen o sustituyan, se encuentren inscritas o no en el Registro Nacional de Valores y Emisores (RNVE); y
> viii) Los activos intangibles adquiridos con el propósito de ser utilizados para la obtención de un beneficio económico en el país.

Al momento de efectuar una inversión por parte de un no residente, además debe tenerse en cuenta el vehículo utilizado para tener presencia en el país, pues es diferente la regulación cuando se van a adquirir inmuebles, cuotas, acciones o participaciones que cuando se va a constituir una sucursal, y es diferente si se trata de una sucursal de un régimen especial.

4.1.2.1. ¿Quién puede hacer los registros?

El artículo 2.17.2.5.1.1. del Decreto 1068 de 2015 establece que la inversión debe ser registrada por el inversionista o su apoderado; sin embargo, este mismo artículo indica lo siguiente en su inciso 5:

> No obstante las obligaciones previstas a cargo de los inversionistas, los representantes legales de las empresas receptoras de la inversión podrán presentar la declaración de registro de las inversiones iniciales o adicionales, sus cambios, así como la cancelación de las inversiones de sus inversionistas en cualquier tiempo, de acuerdo con el procedimiento que establezca el Banco de la República, conforme con las normas legales y reglamentarias vigentes.

Así las cosas, se encuentran legitimados los inversionistas quienes hayan sido nombrados apoderados por los inversionistas o incluso los representantes legales de las empresas receptoras.

4.1.2.2. Inversión mediante giro de divisas

Si bien el artículo 7.1.1. de la DCIP 83 establece que las inversiones internacionales deberán ser registradas ante el Banco de la República, también establece que este registro es realizado con la presentación de la declaración de cambios ante un IMC. Así las cosas, cuando se reciben las divisas a través del IMC, realizada su venta y presentada la "Información de datos mínimos de las operaciones de cambio por inversiones internacionales" (declaración de cambios) se estaría efectuando el registro correspondiente.

La declaración de cambios correspondiente a las inversiones internacionales se encuentra contemplada en el artículo 7.7 del capítulo 7 de la DCIP 87 y dentro de la información que debe ser recabada por parte del IMC a quien se le presenta la declaración se encuentra la siguiente:

- Número de declaración asignada por el IMC.
- Fecha de la declaración.
- Nit del IMC.
- Número de cuenta de compensación, en caso de que la operación se canalice a través de este mecanismo.
- Tipo de inversión.
- Destino de la inversión.
- Información del receptor de la inversión o del administrador del encargo fiduciario si hay lugar a ello.
- Información del inversionista.
- Detalle de la declaración en donde se informarán los pormenores de la operación: numerales cambiarios, si se trata de una devolución, tipo de moneda de negociación, valor de la moneda, valor en

dólares (si la negociación se realiza en una monada diferente a dólares estadounidenses), tasa de cambio, moneda de registro (pesos colombianos), valor en la moneda de registro (en pesos colombianos), tasa de cambio a moneda de registro, participaciones (acciones, cuotas, partes de interés o aportes) y motivo sin participaciones en caso de que se haya dejado las participaciones en cero.

4.1.2.3. Inversión en sociedades en constitución

Dentro de la información exigida en el artículo 7.7. de la DCIP 83 se encuentra el "Número adquirido de acciones, cuotas, partes de interés o aportes en que se encuentra representado el capital de la empresa receptora de inversión", además de la información de la sociedad receptora de inversión. Sin embargo, existen situaciones en las que se reciben los recursos provenientes del exterior con el fin de constituir una nueva sociedad. Este escenario se encuentra contemplado en el artículo 7.2.1.1. de la DCIP 83 de la siguiente forma:

> Para efectos de la canalización y registro de la inversión se deberá tener en cuenta lo siguiente:
> (...)
> e) Si en la fecha de la canalización de las divisas por inversiones internacionales el receptor de la inversión no se encuentra constituido, se deberá indicar como receptor en constitución. Una vez constituido el receptor de la inversión, el inversionista deberá suministrar los datos del mismo. En el caso de las inversiones en sociedades, se suministrará la información sobre el número de acciones, cuotas sociales o aportes representativos de capital adquiridos, según el procedimiento dispuesto en el numeral 1.4.1 o 1.5.1 del Capítulo 1 de esta Circular.

Los numerales referidos en el artículo hace referencia a los procedimientos de correcciones de las declaraciones, el primero cuando se obra a través de un IMC y el segundo cuando se actúa directamente ante el Banco de la República como titular de cuenta de compensación.

4.1.2.4. Derechos cambiarios

Una vez se ha perfeccionado la inversión extranjera presentando la declaración de cambios, el inversionista adquiere otros derechos, denominados derechos cambiarios[21] y son los siguientes:

---

[21] Presidente de la República de Colombia. Decreto 2080 de 2000, artículo 10.

a) Reinvertir utilidades, o retener en el superávit las utilidades no distribuidas con derecho a giro;
b) Capitalizar las sumas con derecho a giro, producto de obligaciones derivadas de la inversión;
c) Remitir al exterior en moneda libremente convertible las utilidades netas comprobadas que generen periódicamente sus inversiones con base en los balances de fin de cada ejercicio social o con base en estos y el acto o contrato que rige el aporte cuando se trata de inversión directa, o con base en el cierre de cuentas del respectivo administrador cuando se trate de inversión de portafolio.
d) Remitir al exterior en moneda libremente convertible las sumas recibidas producto de la enajenación de la inversión dentro del país, o de la liquidación de la empresa o portafolio o de la reducción de su capital.

De esta forma, dependiendo de cómo desee el inversionista ejercer sus derechos cambiarios, podrá efectuar reinversiones que impliquen un registro sin canalización de divisas, tema que será abordado más adelante.

4.1.2.5. Pago de dividendos o rendimientos en divisas

Al hacer parte los dividendos de los rendimientos asociados a las inversiones, si la canalización de la inversión se realiza en debida forma, podrá optar el inversionista por la remisión de los estos recursos al exterior. En esta situación la empresa receptora de la inversión deberá efectuar presentación de la "Información de datos mínimos de las operaciones de cambio por inversiones internacionales (declaración de cambios)" ante un IMC, constando dentro de la información suministrada el numeral cambiario correspondiente a los dividendos (generalmente el 2074).

También, se debe tener en cuenta que como requisito para la remisión de los recursos de conformidad con el artículo 325 del Estatuto Tributario que quien remita los dividendos o rendimientos al exterior, deberá practicar la retención en la fuente a la que haya lugar en los términos del artículo 245 del Estatuto Tributario o a la que haya lugar en caso de existir Convenio de Doble Imposición con el país de residencia del inversionista.

4.1.2.6. Anticipos para futuras capitalizaciones

Otro de los escenarios contemplados en el artículo 7.2.1.1. de la DCIP 83 es el de "anticipos para futuras capitalizaciones". Al hacer uso de este canal cambiario, quien recibe los recursos, de forma previa a su desembolso, tiene la obligación formal de registrar la operación mediante la presentación *Informe de Crédito Externo Otorgado a Residentes* a un IMC, lo que implica cumplir con los requisitos propios para el registro de una operación de endeudamiento pasivo.

Además, este informe debe contar con el propósito 43 "anticipos para futuras capitalizaciones" y en caso de que se realice la capitalización de estos recursos, se deberá hacer este registro a través del Sistema de Información Cambiara ante el Banco de la República, informándose allí el tipo y número de acciones, cuotas o participaciones que sean liberadas.

4.1.2.7. Registros y sustituciones

Pese a ser la modalidad más utilizada para la inversión, la correspondiente a ingreso de divisas, en cuyo caso se deberá presentar la declaración de cambios por inversión extranjera ante el IMC. Ello no implica que sea la única, puesto que también se pueden efectuar inversiones mediante: importaciones, recursos en moneda nacional con derecho a giro (obligatoriamente canalizables desde Colombia al no residente en ejercicio de derechos cambiarios), intangibles, endeudamiento nacional con entidades de crédito para inversión en portafolio[22].

---

[22] Esta lista no es taxativa, pues con la reforma introducida por el Decreto 119 de 2017 se suprimieron las modalidades de inversión de capital del exterior que se encontraban contempladas en el artículo 5 del Decreto 2080 del 2000 de la siguiente forma:
Artículo 5. Modalidades. Las inversiones de capital del exterior podrán revestir, entre otras, las siguientes modalidades:
a) Importación de divisas libremente convertibles para inversiones en moneda nacional;
b) Importación de bienes tangibles tales como maquinaria, equipos u otros bienes físicos, aportados al capital de una empresa como importaciones no reembolsables. Igualmente, los bienes internados a Zona Franca y que se aportan al capital de una empresa localizada en dicha zona;
c) Aportes en especie al capital de una empresa consistente en intangibles, tales como contribuciones tecnológicas, marcas y patentes en los términos que dispone el Código de Comercio;
d) Recursos en moneda nacional con derecho a ser remitidos al inversionista de capital del exterior derivados de operaciones de cambio obligatoriamente canalizables a través del mercado cambiarlo que se destinen a inversiones directas o de portafolio, así como regalías derivadas de contratos debidamente registrados
e) Recursos en moneda nacional provenientes de operaciones locales de crédito celebradas con establecimientos de crédito destinadas a la adquisición de acciones realizadas a través del mercado público de valores.

Para estos efectos el capítulo 7 de la DCIP 83 consagra la declaración de registro que define de la siguiente forma:

> a) La Declaración de Registro de Inversiones Internacionales es el documento electrónico que soporta el registro inicial o adicional o las sustituciones (cambios en los titulares, la destinación o en la empresa receptora) de una inversión internacional sin canalización de divisas.

En estos casos toda vez que no hay transferencia de divisas, sino de moneda local en algunos casos, y en otros diversos aportes en especie u otros actos o negocios jurídicos; dichas operaciones se entenderían debidamente canalizadas con la presentación de la "Declaración de Registro de Inversiones Internacionales" que, a diferencia de la declaración de cambios, no se presenta a un intermediario del mercado cambiario (IMC), sino que se presenta directamente y de forma electrónica al Banco de la República a través del Sistema de Información Cambiaria, sin documentos soporte de la operación.

La "Declaración de Registro de Inversiones Internacionales" debe ser presentada por el inversionista, su apoderado o el representante legal de la empresa receptora; cuando se actúe como apoderado o representante legal se deberá acreditar la representación de conformidad con lo establecido en el literal b) del numeral 4. del anexo 3 de la DCIP 83 que establece lo siguiente:

b) Representación de empresas y terceros.

Los Usuarios que actúen en calidad de apoderado o representante legal de un Actor, podrán acreditar la representación a través de:

> (i) un Certificado digital que lo vincule con el Actor, o
> (ii) un vínculo de representación, previo registro en el Sistema de Información Cambiaria.
> El Usuario que realice el registro deberá tener en cuenta lo siguiente:

Actualmente con la modificación introducida por el Decreto 119 de 2017, no existen limitaciones respecto a lo que puede aportarse y ser considerado como inversión. Con la salvedad de la contemplada en el artículo 6 del Decreto 2080 de 2000, la cual reza:
Artículo 6. Destinación. De conformidad con lo establecido en el presente decreto, podrán realizarse inversiones de capital del exterior en todos los sectores de la economía, con excepción de los siguientes ya sea directa o por interpuesta persona:
a) Actividades de defensa y seguridad nacional,
b) Procesamiento, disposición y desecho de basuras tóxicas, peligrosas o radiactivas no producidas en el país.

a) Será necesario adjuntar los documentos que acrediten la representación y cumplan con las formalidades legales únicamente cuando se trate de: (i) representantes de una persona jurídica no residente; (ii) representantes de menores de edad; (iii) representantes de una persona natural no residente sin documento de identificación válido en Colombia, (iv) albaceas, guardadores o apoyos, adjudicatarios y administradores de una sucesión. Cuando el documento que acredite la representación sea un poder, deberá enviar diligenciado el modelo que aparece en el siguiente enlace: https://www.banrep.gov.co/sites/default/files/modelo-poderespecial.pdf.
b) En los casos no previstos en el literal a), la representación quedará aprobada con el registro del vínculo en el Sistema sin adjuntar documentos. Para el efecto: (i) el Usuario que registra el vínculo debe ser el Actor de la correspondiente operación y el representante debe estar previamente creado como Usuario, (ii) el Usuario que registre el vínculo debe ser un representante con facultad de delegación previamente inscrita, y (iii) el vínculo registrado debe ser entre una empresa residente y su representante legal. El Banrep no revisará ni aprobará documentos que se reciban para acreditar las representaciones a las que se refiere este literal.

4.1.2.8. Enajenación de las inversiones a no residentes

El no residente puede efectuar venta de sus inversiones poseídas en Colombia a otros no residentes, situación descrita como sustitución en los términos del literal a) del artículo 7.2.1.4. del capítulo 7 de la DCIP 83. En este escenario el no residente enajenante tendrá que cumplir con ciertas obligaciones:

- La obligación de conformidad al parágrafo del artículo 326 del Estatuto Tributario de presentar declaración de renta y el de presentarla conjuntamente con la cancelación en los términos del Decreto 1625 de 2016:

Artículo 1.6.1.13.1.1. Registro del cambio de titular ante el Banco de la República. Sin perjuicio de los documentos exigidos por el Banco de la República para registrar el cambio de titular de la inversión extranjera conforme con el Régimen de Inversiones Internacionales, para efectos fiscales el inversionista deberá presentar al Banco de la República, conjuntamente con dichos documentos, aquellos que acrediten la declaración, liquidación y pago del impuesto que se genere por la respectiva operación.
Para estos efectos el cambio de titular de la inversión extranjera comprende todos los actos que implican la transferencia de la titularidad de los activos fijos en que está representada, ya sean acciones o aportes en sociedades nacionales, u otros activos poseídos en el país por extranjeros sin residencia o domicilio en el mismo, incluyendo las transferencias que se realicen a los nacionales.

- La transmisión de forma directa al Banco de la República a través del SIC de la sustitución de la inversión por cambio de titular en las condiciones que despliegue el sistema.

Por parte del adquirente, quien fungirá como nuevo inversionista, se deberá realizar la inscripción correspondiente directamente ante el Banco de la República a través del SIC.

4.1.2.9. Cancelación de las inversiones

En el escenario planteado el no residente dejará de tener la calidad de inversionista. Así las cosas, el no residente tiene dos obligaciones generales:

1. La obligación de conformidad al parágrafo del artículo 326 del Estatuto Tributario de presentar declaración de renta y el de presentarla conjuntamente con la cancelación en los términos del artículo 1.6.1.13.1.1. Decreto 1625 de 2016;
2. Presentación de la "Declaración de Cancelación de Inversiones Internacionales" a través del Sistema de Información Cambiaria, que deberá ser realizada dentro de un plazo no superior a seis (6) meses por el inversionista, su apoderado o representante legal, o por el representante legal de la empresa receptora de su inversión.

Bajo la normativa vigente, la cancelación puede ser hecha por las causas que se despliegan en el Sistema de Información Cambiaria, listado en el que se encuentran, entre otras, las siguientes:

- Disminución de capital.
- Enajenación a residentes.
- Liquidación del receptor.
- Liquidación o muerte del inversionista.
- Readquisición de participaciones o derechos sociales.
- Reorganización empresarial.
- Resolución o resciliación del contrato.

4.1.2.10. Reorganizaciones empresariales

Otro evento especial que debe ser informado al Banco de la República a través del Sistema de Información Cambiaria es el de reorganizaciones empresariales, situación que se concreta con el acaecimiento de fusiones o escisiones de la sociedad receptora del capital. En este caso deberá el inversionista, su apoderado o la receptora de la inversión presentar la "Declaración de Registro de Inversiones Internacionales", señalando el origen "Reorganización empresarial" sin que sea necesario que se anexen documentos soporte de la operación. Esto sin perjuicio de que también sea necesario tramitar la "Declaración de Cancelación de Inversiones Internacionales a través del Sistema de Información Cambiaria" en los mismos términos antes mencionados.

4.1.2.11. Solicitudes Especiales de Registro o Cancelación

Esta se encuentra definida en artículo 7.1. del capítulo 7 de la DCIP 83 de la siguiente forma:

> d) La Solicitud Especial es la petición presentada con el fin de solicitar el registro o cambio de una operación o dato, que no pueda realizarse directamente en el Sistema de Información Cambiaria. Cuando proceda, se deberán diligenciar los formatos publicados en la página web del Banrep https://www.banrep.gov.co opción "Política monetaria y cambiaria", "Regulación y operaciones cambiarias", "Servicios", "Solicitudes Especiales", y enviarlos a través de los canales de Atención a la Ciudadanía en el portal Web https://www.banrep.gov.co/es opción "Atención a la ciudadanía", "Formulario electrónico", "Trámites y Servicios". La Solicitud Especial será tramitada de acuerdo con las normas aplicables a las peticiones de interés particular. En el Anexo 3 de esta Circular se encuentran enlistados los trámites que podrán realizarse mediante Solicitud Especial.

Dentro del listado que establece las situaciones en las que debe seguirse el procedimiento arriba descrito se encuentran entre otros:

- Las cancelaciones por cambio de residencia para efectos cambiarios.
- Registro por recomposición de capital.
- Ajustes de inconsistencias derivadas de la migración de información al Sistema de Información Cambiaria.

4.1.2.12. Inversión en sucursales del régimen general

De conformidad con los artículos 471 del Código de Comercio, cuando se realiza una actividad permanente que requiera presencia en el país, una de las opciones es registrar una sucursal, el artículo 474 *ibidem,* trae un listado de las que pueden ser consideradas actividades permanentes:

Se tienen por actividades permanentes para efectos del artículo 471, las siguientes:
1) Abrir dentro del territorio de la República establecimientos mercantiles u oficinas de negocios aunque éstas solamente tengan un carácter técnico o de asesoría;
2) Intervenir como contratista en la ejecución de obras o en la prestación de servicios;
3) Participar en cualquier forma en actividades que tengan por objeto el manejo, aprovechamiento o inversión de fondos provenientes del ahorro privado;
4) Dedicarse a la industria extractiva en cualquiera de sus ramas o servicios;
5) Obtener del Estado colombiano una concesión o que ésta le hubiere sido cedida a cualquier título, o que en alguna forma participe en la explotación de la misma y,
6) El funcionamiento de sus asambleas de asociados, juntas directivas, gerencia o administración en el territorio nacional.

Las sucursales carecen de personalidad jurídica en los términos del artículo 263 del Código de Comercio, sino que se tratan de una "extensión" de la sociedad, por este motivo no se habla de cuotas, acciones o participaciones, sino de capital asignado.

Otra figura que opera para las sucursales es el **capital suplementario al capital asignado** este "capital suplementario" no es otra cosa si no unos dineros adicionales remitidos por la principal a su sucursal con el fin de enjugar pérdidas o desarrollar de forma óptima su objeto social en el país, incluyéndose dentro de este concepto las operaciones de endeudamiento entre la sucursal y su principal.

Al igual que las sociedades, las sucursales tienen la obligación formal de canalizar los recursos a través de IMC y presentar la declaración de cambios por inversión extranjera. Y la declaración de cambios deberá indicarse si se trata de un capital asignado, o de un capital suplementario al capital asignado.

4.1.2.13. Inversión en sucursales del régimen especial

Este tipo de sucursales son aquellas dedicadas a la exploración y explotación de petróleo, gas natural, carbón, ferroníquel o uranio; y entre sus particularidades se encuentra el hecho de que solamente pueden acceder al mercado cambiario cuando se vaya a realizar la liquidación de la sucursal, cuando se efectúen ventas en el mercado interno colombiano y los gastos necesarios para el desarrollo de su actividad en Colombia.

Lo anterior, entonces, significa que todas las operaciones de este régimen pueden ser válidamente realizadas en divisas tanto por fuera como dentro del territorio aduanero nacional, siempre y cuando sean generadas con ocasión al desarrollo de esta actividad.

En el caso de la información correspondiente a la actualización de la inversión del régimen especial, la sucursal destinataria de la inversión deberá presentar la "Conciliación Patrimonial Régimen Especial" directamente al Banco de la República a través del Sistema de Información Cambiaria que además se debe transmitir a más tardar dentro de los seis meses siguiente al cierre contable del 31 de diciembre. Lo anterior, mientras que comprenda como alguna de sus actividades comerciales, a la exploración y explotación de petróleo, gas natural, carbón, ferroníquel o uranio.

4.2. INVERSIÓN COLOMBIANA EN EL EXTERIOR

Esta hace referencia a la inversión efectuada por parte de residentes en Colombia por fuera del Territorio Nacional, y para formalizarlos ante el Banco de la República, básicamente se emplean las mismas declaraciones de registro, cancelaciones, especiales y declaración de cambios que para la inversión entrante. Esto implica que, si hay un aporte efectuado en divisas adquiridas a través de un IMC, se hace necesario presentar la "Información de datos mínimos de las operaciones de cambio por inversiones internacionales" (declaración de cambio) al IMC, especificándose en este escenario que el tipo de inversión es una inversión colombiana en el exterior o, financiera y en activos en el exterior, según corresponda.

Y cuando no existe un aporte directo en divisas, es decir, las otras modalidades análogas para la inversión entrante deberán ser realizado mediante la "Declaración de Registro de Inversiones Internacionales" a través Sistema de Información Cambiaria, sin documentos de soporte de la operación. También ocurre lo mismo con la recomposición accionaria, la sustitución y la cancelación de la inversión por parte de los residentes, es decir, debe efectuarse los registros antes enunciados para la inversión entrante, a través del Sistema de Información Cambiaria.

4.2.1. Inversión directa

Establece el artículo 7.3.1 del capítulo 7 de la DCIP 83 las operaciones de inversión colombiana en el exterior que debe ser canalizada en los términos del artículo 41 de la Resolución Externa 01 de 2018:

Para efectos de la canalización y registro de la inversión se deberá tener en cuenta lo siguiente:

> a) Cuando se trate de inversiones colombianas directas para la adquisición de acciones, cuotas, derechos u otras participaciones en el capital de sociedades, sucursales o cualquier tipo de empresa en el exterior en cualquier proporción, se deberá suministrar la información de los datos mínimos de las operaciones de cambio por inversiones internacionales (Declaración de Cambio) e indicar el número de acciones, cuotas, derechos u otras participaciones adquiridas, si a ello hay lugar. Se entiende que la operación se realiza por el valor comercial de la acción, cuota, derecho u otra participación, incluyendo la prima en colocación de aportes.

En este escenario el inversionista residente en Colombia tendrá la obligación formal de presentar la declaración de cambio, sin que pueda ser la empresa receptora no residente la obligada del suministro de la información. Una particularidad que tienen las inversiones colombianas realizadas en el exterior es la posibilidad de que estas sean hechas mediante tarjeta de crédito, de esta forma el artículo 7.3.1 del capítulo 7 de la DCIP 83 continúa con la siguiente redacción:

> e) Las inversiones colombianas directas en empresas en el exterior cuyo pago se haya realizado con tarjeta de crédito emitida en Colombia cobrada en moneda legal colombiana, se entenderá registrada en su totalidad con el suministro de la información de los datos mínimos de las operaciones de cambio por inversiones internacionales (Declaración de Cambio), utilizando el numeral cambiario 4581 "Inversión Colombiana en empresas en el exterior pagada con tarjeta de crédito emitida en Colombia y cobrada en moneda legal". La información de los datos mínimos deberá suministrarse con el primer pago, por el valor total de la inversión.
> Cuando el pago se realice con tarjeta de crédito emitida en el exterior o en Colombia cobrada en divisas, debe suministrarse la información de los datos mínimos de las operaciones de cambio por inversiones internacionales (Declaración de Cambio), utilizando el numeral cambiario 4582 "Inversión Colombiana en empresas en el exterior pagada con tarjeta de crédito emitida en el exterior o en Colombia y cobrada en divisas". Con el primer pago deberá suministrarse la información de los datos mínimos informando el número total de acciones, cuotas, derechos u otras participaciones que se adquieren si a ello hay lugar. Para los pagos siguientes, deberá suministrarse la información de los datos mínimos por el valor abonado sin diligenciar el número de acciones, cuotas, derechos u otras participaciones."

El uso de las tarjetas de crédito para estos fines contrasta con el uso de este mecanismo en el caso de las importaciones y exportaciones, pues a diferencia de las operaciones de comercio internacional, en el caso de las inversiones el registro de utilización no hará las veces de declaración de cambios, siendo necesario que la información de los datos mínimos de las operaciones de cambio por inversiones internacionales sea presentada en las condiciones que han sido expuestas.

4.2.2. Inversiones financieras y en activos en el exterior

El artículo 82 de la Resolución Externa de 2018 establece la utilización que pueden dársele a las divisas provenientes de las operaciones que no deban canalizarse a través del mercado cambiario (operaciones libres), pudiendo estas divisas utilizarse para realizar inversiones financieras y en activos en el exterior.

En consonancia con el artículo 82, el artículo 60 de la Resolución Externa 01 de 2018 consagra cuáles son las inversiones financieras y en activos en el exterior:

> Artículo. 60°. Inversiones financieras y en activos en el exterior. Los residentes en el país deberán canalizar a través del mercado cambiario las siguientes operaciones, salvo cuando éstas se efectúen en el exterior con divisas que no deban canalizarse a través de dicho mercado:
> 1. Compra de títulos emitidos o activos radicados en el exterior.
> 2. Compra en el exterior de la totalidad o parte de las obligaciones privadas externas, deuda externa pública y bonos o títulos de deuda pública externa.
> Los documentos de deuda a que se refiere este numeral se podrán convertir en deuda interna, en los términos en que voluntariamente lo acuerden las partes.
> Giros al exterior originados en la colocación a residentes en el país de títulos emitidos por empresas del exterior y de gobiernos extranjeros o garantizados por éstos, por parte del emisor o su agente en Colombia, siempre que la respectiva colocación sea autorizada por la Superintendencia Financiera de Colombia.
> **Parágrafo 1**. La negociación secundaria con otros residentes de las inversiones de que trata este artículo podrá realizarse, a elección de las partes, en moneda legal colombiana o en moneda extranjera.
> La negociación secundaria entre residentes de bonos o títulos de deuda pública externa emitidos por la Nación en los mercados internacionales podrá hacerse en moneda legal colombiana, en las emisiones que señale el Gobierno Nacional.
> **Parágrafo 2.** La adquisición por parte de residentes de títulos emitidos en el país por no residentes en moneda legal o denominados en moneda extranjera liquidables en moneda legal, no constituye una inversión financiera en el exterior. La adquisición y negociación de estos títulos deberá hacerse en moneda legal colombiana.
> **Parágrafo 3.** El Banco de la República mediante reglamentación de carácter general indicará las características y requerimientos de información de estas operaciones de cambio.

Ahora bien, pese a la posibilidad de que estas inversiones sean adquiridas libremente, esto solamente se da si los recursos para ello provienen de operaciones libres, lo que da a entender que si se adquieren con recursos provenientes de operaciones del mercado cambiario o los recursos son voluntariamente canalizados, deberá realizarse como lo establece el Banco de la República en el artículo 7.4.2 de la DCIP 83:

> 7.4.2. Canalización
> Para efectos de la canalización de las inversiones financieras y en activos en el exterior de que trata el artículo 60 R.E.1/18 J.D., incluyendo las de carácter especial, se deberá tener en cuenta lo siguiente:
> a) Giros de divisas: los residentes inversionistas, sus representantes legales, sus apoderados o las sociedades comisionistas de bolsa de valores, tengan o no la calidad de IMC, según corresponda, deberán suministrar la información de los datos mínimos de las operaciones de cambio por inversiones internacionales (Declaración de Cambio) a través del Sistema de Información Cambiaria, bajo los numerales 4585 "Inversión financiera en títulos emitidos en el exterior" o 4573 "Inversión financiera en activos fijos radicados en el exterior", según corresponda.
> b) Ingresos de divisas derivados de la liquidación, redenciones, rendimientos, intereses o utilidades: los residentes inversionistas, sus representantes legales, sus apoderados o las sociedades comisionistas de bolsa de valores, tengan o no la calidad de IMC o el agente autorizado de pago, según corresponda, deberán suministrar la información de los datos mínimos de las operaciones de cambio por inversiones internacionales (Declaración de Cambio) a través del Sistema de Información Cambiaria, bajo los numerales 4058 "Redención o liquidación de la inversión financiera en activos financieros en el exterior ", 1595 "Rendimientos o dividendos de inversión financiera en activos financieros en el exterior", 1598 "Rendimientos de la inversión financiera en activos fijos en el exterior", o 4065 "Redención o liquidación de la inversión financiera en activos fijos radicados en el exterior", según corresponda, independientemente de que la inversión en el exterior cuente o no con registro previo ante el Banrep.

Vale la pena resaltar la existencia ciertas inversiones "de carácter especial", para las que el Banco de la República ha establecido la obligación de que sean adquiridas con divisas del mercado cambiario, encontrándose estas por fuera de la regla general establecida en el artículo 82 de la Resolución Externa 01 de 2018. Las inversiones financieras de carácter especial se encuentran listadas en el artículo 7.4.4 de la DCIP 83:

> 7.4.4. Inversiones financieras de carácter especial Son inversiones financieras en el exterior de carácter especial las siguientes:
> a) Valores listados en sistemas de cotización de valores del extranjero mediante acuerdos o convenios de integración de bolsas de valores de que trata la Parte 2, Libro 15, Título 6, Capítulo 2, del Decreto 2555 de 2010 y sus modificaciones.
> b) Valores extranjeros listados en sistemas de cotización de valores del extranjero por medio de las sociedades comisionistas de bolsa.

c) Valores extranjeros emitidos en el exterior e inscritos en el Registro Nacional de Valores y Emisores (RNVE).

Estas operaciones de inversión deberán canalizarse por su valor neto efectivamente girado, sin importar si en la negociación se aplicó o no neteo. Cuando se trate de las inversiones financieras especiales descritas en los literales a) y c) de este numeral, la canalización de las divisas deberá efectuarse a través del Sistema de Información Cambiaria utilizando el numeral cambiario 4570 "Inversión financiera especial".

La sociedad comisionista de bolsa que tenga la calidad de IMC y actúe por cuenta propia para la adquisición de los valores extranjeros listados no deberá transmitir la declaración de cambio por inversiones internacionales.

Capítulo 5.
Cuentas de compensación

De conformidad al artículo 10 de la Ley 9 de 1991, los residentes pueden tener cuentas en divisas en el exterior con las cuales podrán realizar y recibir los pagos correspondientes a las operaciones del mercado cambiario, lo anterior mediante sistema de compensación.

Este sistema ha sido regulado por el Banco de la República en la Resolución Externa 01 de 2018, particularmente, en sus artículos 81 y 37. Donde el primero establece la posibilidad de los residentes de tener cuentas en divisas en el extranjero para efectuar operaciones no pertenecientes al mercado cambiario, y el segundo establece la posibilidad de efectuar operaciones del mercado cambiario, se cumpla con ciertos requisitos. El texto de los artículos es el siguiente:

> Artículo 81. Cuentas en moneda extranjera en el exterior. Los residentes podrán constituir libremente depósitos en cuentas bancarias en el exterior con divisas adquiridas en el mercado cambiario o a residentes que no deban canalizarlas a través del mercado cambiario.
>
> Con cargo a los recursos depositados en estas cuentas se podrá efectuar cualquier operación de cambio distinta a aquellas que deban canalizarse a través del mercado cambiario conforme al artículo 41 de esta resolución. Los rendimientos de las inversiones o depósitos que se efectúen con cargo a estas cuentas también se podrán utilizar para los mismos propósitos.
>
> En estas cuentas se pueden recibir o efectuar traslados desde o hacia cuentas de compensación del mismo titular.
>
> Lo anterior, sin perjuicio del cumplimiento de las normas tributarias aplicables.
>
> (...)
>
> **Artículo 37. Mecanismo de compensación.** En adición a lo previsto en el artículo 81, los residentes que utilicen cuentas bancarias en el exterior para operaciones que deban canalizarse a través del mercado cambiario deberán registrarlas en el Banco de la República bajo la modalidad de cuentas de compensación.
>
> El registro de las cuentas de compensación deberá efectuarse a más tardar dentro del mes siguiente a la fecha de la realización de una operación que deba canalizarse a través del mercado cambiario.
>
> Los residentes, si así lo acuerdan, deberán utilizar las cuentas de compensación para girar y recibir divisas correspondientes al cumplimiento de obligaciones derivadas de operaciones internas cuyo pago no está expresamente autorizado en moneda extranjera en esta resolución.
>
> El Banco de la República reglamentará los términos y las condiciones aplicables para el registro, la presentación de las declaraciones de cambio, el suministro de información, los ingresos, egresos y traslados de divisas.

De los artículos antes citados se puede concluir que existen dos tipos de cuentas, unas que suelen ser denominadas "libres" y las "Cuentas de Compensación".

Pese a que se hace referencia a "diferentes" tipos de cuentas, debe tener presente el lector, que en verdad se trata de cuentas en divisas por parte de residentes en Colombia, donde una no se encuentra sometida al mecanismo de compensación y la otra sí; con esto lo que se busca significar es que una cuenta no nace cuenta de compensación, es decir, no se "crea" una cuenta de compensación como tal desde sus inicios, sino que se crea una cuenta en divisas en el exterior, y si son realizadas operaciones del mercado cambiario de que trata el artículo 41 de la Resolución Externa 01 de 2018, entonces deberá registrarse bajo el sistema o mecanismo de compensación ante el Banco de la República, pero esto no hace que las únicas operaciones que puedan canalizarse por una cuenta de compensación sean las del mercado cambiario, pues también pueden continuarse realizando operaciones libres.

De la lectura de artículo 37 de la Resolución Externa 01 de 2018 se desprenden varias obligaciones y potestades que recaen sobre el resiente que opta por utilizar una cuenta en el extranjero en divisas para recibir y efectuar pagos que hacen parte del mercado cambiario, siendo la primera registrar la cuenta como cuenta de compensación ante el Banco de la República.

5.1. CUENTAS DE COMPENSACIÓN Y OPERACIONES INTERNAS

Si bien existe una prohibición general a que las operaciones internas sean pagadas en divisas, el Banco de la República establece en el artículo 47 Resolución Externa 01 de 2018 una excepción para los residentes usuarios de cuentas de compensación. Y es que si los residentes intervinientes en una operación interna tienen cuentas de compensación pueden válidamente a través de estas cuentas pagar estas operaciones. Ahora, para que opere esta autorización se requiere que las cuentas ya se hayan sometido al mecanismo o que, si son cuentas libres, dentro del mes siguiente a la canalización de los recursos sean sometidas al mecanismo de compensación.

5.2. REGISTRO DE LA CUENTA DE COMPENSACIÓN

A partir del día en el cual se utilice una cuenta libre para realizar o recibir un pago correspondiente al mercado cambiario, surge la obligación de registrar dicha cuenta ante el Banco de la República como cuenta de compensación. Conforme lo establece el artículo 8.2.1. del capítulo 8 de la DCIP 83, el término del mes calendario siguiente para efectuar el registro, se cuenta desde el día de la realización de la primera operación de obligatoria canalización a través del mercado cambiario o de la primera operación para el cumplimiento de obligaciones derivadas de operaciones internas.

Con la sustitución en su integridad de la DCIP 83 efectuada a través del boletín de la Junta Directiva del Banco de la República número 36 el 12 de septiembre de 2023, se modificó el procedimiento aplicable al registro de las cuentas de compensación, siendo ahora este realizado a través del Sistema de Información Cambiaria. Ahora, con la reciente modificación no solamente se varió el sistema ante el cual se realiza el registro, también se varió la forma en la en que es realizado el registro de la cuenta, pues al haber sido eliminado el formulario 10 y su respectivo instructivo, el registro pasa a ser información que se registra electrónicamente que deberá ser consignada en las condiciones establecidas en el artículo 8.7 del capítulo 8 de la DCIP 83.

5.3. INFORME MOVIMIENTOS DE CUENTA DE COMPENSACIÓN

Con la eliminación del formulario 10 y su instructivo surge el *Informe Movimientos de Cuenta de Compensación* el cual debe contener la información solicitada en el artículo 8.8. del capítulo 8 de la DCIP 83. El *Informe Movimientos de Cuenta de Compensación* debe ser presentado mensualmente por parte del residente, haya sometido su cuenta bajo el mecanismo de compensación y a través del informe deberá presentar los movimientos, de forma virtual, valiéndose para ello el titular de la cuenta de compensación del Sistema de Información Cambiaria al directa al Banco de la República.

Este informe debe ser presentado dentro del mes calendario siguiente a la terminación del mes a reportar, así las cosas, por ejemplo, el mes de septiembre deberá ser reportado dentro del mes de octubre, el mes de octubre en el mes de noviembre, y así sucesivamente. En el informe serán comunicados tanto los ingresos como los egresos de dineros autorizados a Cuentas de Compensación. Los ingresos autorizados se encuentran descritos en el aparte 8.3.1. del capítulo 8 DCIP 83 de la siguiente forma:

> Los ingresos de las cuentas de compensación a que se refiere el presente capítulo deben provenir:
> i. Del cumplimiento de obligaciones derivadas de operaciones de cambio que deban o no canalizarse a través del mercado cambiario.
> ii. Del cumplimiento de las obligaciones derivadas de operaciones internas de las que trata el artículo 2.17.1.3 del Decreto 1068 de 2015 en concordancia con el artículo 37 de la R. E. 1/18 J. D.

iii. Del cumplimiento de las obligaciones derivadas de operaciones internas autorizadas para ser pagadas en divisas conforme a lo previsto en los artículos 82 parágrafo 4 del artículo 86 y 97 de la R. E. 1/18 J. D. Estos cumplimientos también podrán efectuarse en cuentas del mercado no regulado[23].
iv. De la compra de divisas a los IMC.
v. De la compra de divisas a otros residentes, tanto en el mercado no regulado como de las cuentas de compensación.
vi. Del pago, recaudo y transferencia en divisas de regalías y compensaciones, conforme a lo previsto en el artículo 104 de la R. E. 1/18 J. D. y las normas que la modifiquen, complementen o adicionen.
vii. Traslados desde cuentas del mercado no regulado o de compensación del mismo titular.

Y los egresos de divisas de cuentas de compensación se encuentran consagrados en el aparte 8.3.2. *ibidem* de la siguiente forma:

Los egresos de las cuentas de compensación a que se refiere el presente capítulo deben corresponder a los siguientes conceptos:
i. Para dar cumplimiento a obligaciones derivadas de operaciones de cambio que deban o no canalizarse a través del mercado cambiario.
ii. Para dar cumplimiento a obligaciones derivadas de operaciones internas de las que trata el artículo 2.17.1.3 del Decreto 1068 de 2015 en concordancia con el artículo 37 de la R. E. 1/18 J. D.
iii. Para dar cumplimiento a obligaciones derivadas de operaciones internas autorizadas para ser pagadas en divisas conforme a lo previsto en los artículos 82, parágrafo 4 del artículo 86 y 97 de la R. E. 1/18 J. D. Estos pagos también podrán efectuarse en cuentas del mercado no regulado.
iv. Por la venta de divisas a los IMC.
v. Por la venta de divisas a otros titulares de cuentas de compensación.
vi. Para atender el pago y la transferencia en divisas de regalías y compensaciones, conforme a lo previsto en el artículo 104 de la R. E. 1/18 J. D. y las normas que la modifiquen, complementen o adicionen.
vii. Traslados hacia cuentas del mercado no regulado o de compensación del mismo titular.

5.4. EFECTOS DEL INFORME MOVIMIENTOS DE CUENTA DE COMPENSACIÓN

Dependiendo de la operación realizada, este informe puede sustituir las declaraciones de cambios como lo indica el artículo 8.4.1 de la DCIP 83:

El Informe de Movimientos de Cuenta de Compensación hará las veces de declaración de cambio cuando se trate de las operaciones de cambio por

---

23 Regímenes especiales que permiten el pago en divisas en Colombia.

> importación y exportación de bienes, por servicios, transferencias y otros conceptos y por inversiones financieras y en activos en el exterior.

Esto implica que en las operaciones descritas no será necesario acudir a un Intermediario del Mercado Cambiario o transmitir de forma directa declaraciones de cambios al Banco de la República. Aunque lo anterior no ocurre en todos los escenarios, pues hay operaciones en las que hay que transmitir la declaración de cambios que corresponda, y en otras incluso acudir a Intermediarios del mercado cambiario.

5.5. INFORME MOVIMIENTOS DE CUENTA DE COMPENSACIÓN E INVERSIONES INTERNACIONALES

El artículo 7.7. del capítulo 7 de la DCIP 83 establece en su inciso final lo siguiente:

> Si la operación se canaliza a través de cuenta de compensación, el Informe de Movimientos de Cuenta de Compensación hará las veces de la información de los datos mínimos de las operaciones de cambio por inversiones internacionales (Declaración de Cambio) relacionadas con los numerales cambiarios diferentes de 4026, 4032, 4035, 4036, 4040, 4563, 4565 4580 y 4581. La información de la operación de cambio debe corresponder a la del día del ingreso o egreso de las divisas a la cuenta de compensación, la cual deberá coincidir con el período que se reporte en el Informe de Movimientos de Cuenta de Compensación.

Esto implica que salvo que las operaciones de inversión se encuentren listadas en el citado artículo, el informe hará las veces de la declaración de cambio, pero si se revisa el listado, se encontrará que se corresponde con las operaciones más empleadas, como se ilustra a continuación.

N.C.	Descripción
4026	Inversión directa de capitales del exterior en sociedades nacionales y con capital del exterior que realicen actividades del sector de hidrocarburos y minería.
4032	Adquisición de participaciones en fondos de capital privado.
4035	Inversión directa de capitales del exterior en empresas y en el capital asignado de sucursales —sectores diferentes de hidrocarburos y minería—.
4036	Prima en colocación de aportes.
4040	Inversión suplementaria al capital asignado —sectores diferentes de hidrocarburos y minería—.
4563	Retorno de inversión de capital del exterior por la liquidación de participaciones en fondos de capital privado.

N.C.	Descripción
4565	Inversión de capitales del exterior no perfeccionada.
4580	Inversión colombiana directa en el exterior.
4581	Inversión colombiana en empresas en el exterior pagada con tarjeta de crédito emitida en Colombia y cobrada en moneda legal.

Tabla 3. Numerales cambiarios que requieren declaración.

Fuente: Elaboración Propia.

Lo cierto es que en la mayoría de las ocasiones las operaciones de inversión se van a encontrar en el listado arriba mencionado, lo que implica el titular de la cuenta de compensación deberá presentar la declaración de cambios correspondiente, lo que se hará por el titular de forma directa a través del Sistema de Información Cambiaria de forma previa a la presentación del informe.

5.6. INFORME MOVIMIENTOS DE CUENTA DE COMPENSACIÓN Y ENDEUDAMIENTO EXTERNO

El artículo 8.4.2. del capítulo 8 de la DCIP 83 establece que se debe acudir a un Intermediario del Mercado Cambiario con el fin de efectuar el registro del *Informe de Crédito Externo Otorgado a Residentes* (antes formulario 6.), situación que es consistente con las otras disposiciones cambiaria, pues son los Intermediarios del Mercado Cambiario los encargados de tramitar el informe e incluso de asignarle al endeudamiento un número, el cual identifica el crédito para su desembolso y pagos.

Frente a los desembolsos y pagos, salvo que se trate de ingresos o egresos ejecuciones de avales o garantías (numerales cambiarios 1645 y 2619), será necesario que se presente la declaración de cambios por endeudamiento. Así las cosas, de forma previa a la transmisión del *Informe de Movimientos* de *Cuenta de Compensación* deberá transmitir el titular de la cuenta de compensación, la declaración de cambios por endeudamiento a través del Sistema de Información Cambiaria directamente al Banco de la República.

5.7. CUENTAS DE COMPENSACIÓN DE USO COLECTIVO

Pese a que el principio de coincidencia permea la totalidad del régimen de cambios internacionales, existen situaciones en las que la normativa cambiaria permite que las operaciones sean canalizadas por personas diferentes. Esto es lo que ocurre con las cuentas de compensación de uso colectivo según se establece en el artículo 8.1 del capítulo 8 de la DCIP 83:

> (...)
> A través de las cuentas de compensación sólo podrán canalizarse ingresos y/o egresos de operaciones propias del titular, con excepción de los movimientos de divisas derivados de los siguientes conceptos:
> (...)
> ii. De conformidad con lo previsto en el literal a) del numeral 7.2.2.1 del Capítulo 7 de esta Circular (Decreto 4804 del 29 de diciembre de 2010), el administrador de la inversión de capital del exterior de portafolio en valores emitidos por entidades extranjeras e inscritos en el Registro Nacional de Valores y Emisores (RNVE) podrá canalizar a través de una cuenta de compensación de uso colectivo, los ingresos de divisas para la adquisición de los valores y los egresos de divisas para el giro al emisor de los valores adquiridos por no residentes. La cuenta deberá registrarse a nombre del administrador e identificarse con el NIT de éste.
> (...)
> iv. De conformidad con lo previsto en el artículo 54 de la Resolución Externa 1 de 2018 de la Junta Directiva del Banrep (en adelante R.E. 1/18 J.D.), los residentes que participen en procesos de compra o venta de acciones a través del mercado de valores podrán canalizar los ingresos de divisas a través de una cuenta de compensación de uso colectivo abierta para ese único propósito por una Sociedad Comisionista de Bolsa que actúe como IMC. Igualmente, se podrán canalizar los ingresos provenientes de los rendimientos, liquidación de inversiones financieras u operaciones overnight. La cuenta deberá registrarse a nombre de la Sociedad Comisionista de Bolsa e identificarse con el NIT de ésta y se cancelará cuando se agoten los recursos provenientes de la operación, de acuerdo con lo dispuesto en el numeral 8.2 de este Capítulo.

Otra situación que puede romper con el principio de coincidencia se encuentra consagrada en el aparte iii) del artículo 8.1 del capítulo 8 de la DCIP 83, y consiste en la posibilidad de que las operaciones canalizadas por parte de sociedades fiduciarias en desarrollo de contratos de fiducia mercantil o encargo fiduciario:

> iii. Operaciones que realice una sociedad fiduciaria en desarrollo de contratos de fiducia mercantil o encargo fiduciario, que tengan como objeto y finalidad servir como garantía y/o fuente de pago continuada de obligaciones adquiridas por los fideicomitentes, o por los patrimonios autónomos constituidos por estos.

5.8. CANCELACIÓN DEL REGISTRO

Frente a la parte correspondiente a la cancelación del registro de una cuenta de compensación, hay diferentes situaciones que dan lugar a la cancelación del mecanismo en los términos del artículo 8.2.2. del capítulo 8 de la DCIP 83:

- Cuando el titular decida no utilizarla como mecanismo de compensación.
- Cuando se cancele la cuenta en la entidad financiera del exterior.
- Que la cancelación sea realizada oficiosamente por el Banco de la República cuando durante el término de 12 meses no se realice el reporte mensual por parte del titular de la cuenta de compensación, dicha cancelación será notificada mediante comunicación a la dirección que repose en el Sistema de Información Cambiaria o en el Registro Único Empresarial.

Con la eliminación del formulario 10 se modificó la forma en la que debe tramitarse la cancelación del mecanismo por voluntad del titular o cancelación de la cuenta, debiendo ser ahora realizada a través del módulo "Cuentas de compensación" del Sistema de Información Cambiaria.

5.9. EXÓGENA CAMBIARIA ANTE LA DIAN

Otra carga que tienen los titulares de cuentas de compensación, que le ha sido impuesta por parte de la Dirección de Impuestos y Aduanas Nacionales y no por el Banco de la República, es la de presentar información exógena cambiaria virtualmente. Y es que la Resolución DIAN 161 de 2021 consagra la obligación formal de presentar de forma trimestral información en formatos, contenido y términos específicos.

Mediante estos formatos se reportará a la DIAN la información que esta entidad considera relevante para el cumplimiento de sus facultades legales, así dentro de la información solicitada se encuentra la apertura o registro de las cuentas de compensación, su cancelación y los movimientos realizados correspondientes a los pagos por importaciones, exportaciones, endeudamientos y servicios u otros conceptos.

La DIAN en la misma resolución ha establecido los plazos para presentarla información de la siguiente forma:

> Artículo 4. Plazos para presentar la información. Los intermediarios del mercado cambiario (IMC), los titulares de cuentas de compensación y los concesionarios de servicios de correos que presten servicios financieros de correos deberán presentar trimestralmente a la Unidad Administrativa Especial Dirección de Impuestos y Aduanas Nacionales (Dian) la información requerida, dentro del mes siguiente al trimestre en que se canalizaron, modificaron,

cambiaron y/o legalizaron las declaraciones de datos mínimos de las operaciones de cambio canalizadas y/o se presentaron los informes de endeudamiento externo o la información de los datos mínimos de excepciones a la canalización por conducto de tales organismos o a través de dichas cuentas, según el caso, ciñéndose al siguiente calendario de acuerdo con el último dígito del NIT del obligado a presentar la información:

ÚLTIMO DIGITO DE NIT O CÉDULA	FECHAS DE ENTREGA A LA DIAN
1 y 2	El décimo (10) y undécimo (11) día hábil de los meses de abril, julio, octubre y enero.
3 y 4	El duodécimo (12) y decimotercero (13) día hábil de los meses de abril, julio, octubre y enero.
5 y 6	El decimocuarto (14) y decimoquinto (15) día hábil de los meses de abril, julio, octubre y enero.
7 y 8	El decimosexto (16) y decimoséptimo (17) día hábil de los meses de abril, julio, octubre y enero.
9 y 0	El decimoctavo (18) y decimonoveno (19) día hábil de los meses de abril, julio, octubre y enero.

Tabla 4. Vencimientos exógena cambiaria.

Fuente: Resolución DIAN 161 de 2021.

Parágrafo. Con el fin de dar cumplimiento a la presente obligación, para determinar el último dígito del NIT no se debe tener en cuenta el dígito de verificación del obligado.
Se entiende por período trimestral, el comprendido entre el primero (1) de enero y el treinta y uno (31) de marzo; entre el primero (1) de abril y el treinta (30) de junio; entre el primero (1) de julio y el treinta (30) de septiembre; y, entre el primero (1) de octubre y el treinta y uno (31) de diciembre, respectivamente.

En este punto vale la pena mencionar que la DIAN mediante Resolución 399 del 19 de enero de 2024 adicionó tres parágrafos transitorios al artículo arriba citado. En el parágrafo transitorio 2° se estableció que los trimestres de octubre a diciembre 2023, enero a marzo de 2024 y abril a junio de 2024 deberán ser presentados entre el 01 y el 31 de Julio de 2024. Lo anterior con el fin de que sean efectuadas modificaciones en los formatos establecidos por la DIAN para dar cumplimiento a la DCIP 83 en su versión del 12 de septiembre de 2023.

Capítulo 6.

Régimen sancionatorio cambiario

En el ámbito cambiario son dos entidades las encargadas de verificar el cumplimiento y, si es el caso, sancionar a quienes realicen de forma inadecuada las operaciones de cambio y las del mercado cambiario. Estas entidades son la Superintendencia de Sociedades y la Dirección de Impuestos y Aduanas Nacionales —DIAN— quienes ejercerán sus funciones de acuerdo con la normativa aplicable para cada uno de los casos como se indicará a continuación.

6.1. RÉGIMEN SANCIONATORIO COMPETENCIA DE LA SUPERINTENDENCIA DE SOCIEDADES

El Decreto 1736 de 2020 en su artículo 7 consagra entre las funciones de la Superintendencia de Sociedades la siguiente:

> Artículo 70. Funciones generales de la superintendencia de sociedades.
> (...)
> 12. Ejercer las funciones relacionadas con el cumplimiento del régimen cambiario en materia de inversión extranjera en Colombia, inversión colombiana en el exterior por parte de personas naturales y jurídicas, así como sobre las operaciones de endeudamiento externo efectuadas por empresas o sociedades públicas o privadas.

El mismo decreto estableció en su artículo 20 que la potestad de ejercer las funciones relativa al cumplimiento y las infracciones derivadas de los asuntos de competencia de la Superintendencia de Sociedades sería realizada a través de la Dirección de Supervisión de Procedimientos Especiales y la Resolución 100-000040 del 8 de enero de 2021 de la Superintendencia de Sociedades estableció el grupo y las funciones que podría ejercer:

> Artículo 43. Grupo de Régimen Cambiario. El Grupo de Régimen Cambiarlo, adscrito a la Dirección de Supervisión de Procedimientos Especiales, tendrá las siguientes funciones:
> 43.1 Hacer seguimiento a la política de supervisión aprobada por el Superintendente de Sociedades en los asuntos de su competencia.
> 43.2 Proponer la política de supervisión y cumplimiento de las normas relacionadas con el tema de régimen cambiario, en materia de inversión extranjera en Colombia, inversión colombiana en el exterior de personas naturales y jurídicas, así como de

> las operaciones de endeudamiento externo efectuadas por empresas o sociedades públicas o privadas, en desarrollo de la normatividad vigente.
> 43.3 Proponer las actualizaciones o modificaciones que se requieran en materia de política cambiaria al interior de la Superintendencia.
> 43.4 Hacer seguimiento al cumplimiento de la política de supervisión y cumplimiento de las normas relacionadas con el tema de régimen cambiario que adopte la Entidad.
> 43.5 Adelantar los procesos y actuaciones administrativas relacionadas con el cumplimiento del régimen cambiarlo en materia de inversión extranjera, inversión colombiana en el exterior y endeudamiento externo.
> 43.6 Adelantar las investigaciones administrativas relacionadas con sus funciones referidas a la supervisión asignada a la Superintendencia de Sociedades en materia de régimen cambiario, en desarrollo de la normatividad vigente.
> 43.7 Adelantar las acciones tendientes a vigilar y controlar el cumplimiento de las disposiciones cambiarías en materia de inversión extranjera en Colombia e inversión colombiana en el exterior de personas naturales y jurídicas, así como de las operaciones de endeudamiento externo efectuadas por empresas o sociedades públicas o privadas.
> 43.8 Adelantar las actuaciones, actividades investigativas y visitas administrativas necesarias para cumplir los objetivos previstos en el numeral anterior y agotar las etapas contenidas en el procedimiento administrativo sancionatorio, señalado en la normatividad vigente, o en las normas que lo modifiquen o sustituyan.
> 43.9 Ordenar la práctica de pruebas y con base en su valoración, decidir de fondo la actuación administrativa, así como resolver los recursos y revocatorias en sede administrativa.
> 43.10 Imponer sanciones por violación al Régimen de Cambios de acuerdo con la normativa pertinente.
> 43.11 Dar cumplimiento a la política de supervisión en materia cambiaria, que se establezca por parte de la Superintendencia.

Y el artículo 42 de la misma resolución estableció la competencia para resolver el recurso de apelación o revocatoria directa en materia de cambios internacionales, cuya competencia fuera de la Superintendencia de Sociedades:

> Artículo 42. Dirección de Supervisión de Procedimientos Especiales. Asignar al Director de Supervisión de Procedimientos Especiales, además de las funciones previstas en el artículo 20 del Decreto 1736 de 2020 modificado por el artículo 11 del Decreto 1380 de 202[1] y en esta Resolución, las siguientes:
> (...)
> 42.4 Resolver el recurso de apelación y las solicitudes de revocatoria directa presentadas contra las decisiones de fondo proferidas en los procesos por violación al régimen cambiario, así como declarar la caducidad de la acción en este tipo de procesos.

6.1.1. Sanciones aplicables competencia de la Superintendencia de Sociedades

El artículo 3 del Decreto 1746 de 1991 establece el monto y graduación de las sanciones competencia de la Superintendencia de Sociedades de la siguiente forma:

> Artículo 3. Las personas naturales o jurídicas que no sean intermediarios del mercado cambiario, que infrinjan el régimen cambiario, serán sancionadas con la imposición de multa a favor del Tesoro Nacional hasta el 200% del monto de la infracción cambiaria comprobada.
> La multa se graduará atendiendo las circunstancias objetivas que rodearon la comisión de la infracción.
> En caso de que una persona natural o jurídica infrinja reiteradamente el régimen cambiario, en forma tal que se infiera razonadamente que las operaciones de cambios han sido utilizadas ficticiamente para amparar ingresos o egresos de divisas que no correspondan a operaciones autorizadas, se podrá imponer como sanción accesoria a la multa la prohibición para celebrar operaciones de cambio durante un término que no podrá ser inferior a un (1) año ni superior a cinco (5).

Respecto a las graduaciones, con el fin de establecer los montos de las sanciones, son criterios internos de la Superintendencia de Sociedades los empleados para estos fines como es expresado por la entidad mediante Oficio 220-016781 del 08 de marzo de 2019:

> En relación con su pregunta No. 6, 7, 8 y 9, relacionados con la fórmula para determinar la base de la sanción en el caso de una infracción cambiaría la misma se determina tomando como base el monto total de la operación en los términos del artículo tercero del decreto 1746 de 1991, Por ejemplo en el caso de una infracción por extemporaneidad en la cancelación del registro de una inversión extranjera se toma como base el monto de la operación, para lo cual internamente se han establecido algunos rangos a partir de 50.000.000. Así, por ejemplo, en el caso que la operación equivalga a 54.000.000 y el infractor no se hubiere allanado, el porcentaje de sanción a aplicar podría ascender a la suma de 3.25%; en los eventos en que el infractor se allane, el monto ascendería al 2.275%. Cabe observar que en ningún caso una sanción supera el 4% del monto de la infracción.

También hay que tener en cuenta que la Superintendencia de Sociedades tiene la potestad de ejercer inspección, como se encuentra plasmado en el artículo 83 de la Ley 222 de 1995:

> Artículo 83. Inspección.
> La inspección consiste en la atribución de la Superintendencia de Sociedades para solicitar, confirmar y analizar de manera ocasional, y en la forma, detalle y términos que ella determine, la información que requiera sobre la situación jurídica, contable, económica y administrativa de cualquier sociedad comercial no vigilada por la Superintendencia Bancaria o sobre operaciones

específicas de la misma. La Superintendencia de Sociedades, de oficio, podrá practicar investigaciones administrativas a estas sociedades. **[fin de cita]**
Así las cosas, en ejercicio de estas facultades[24], la Superintendencia de Sociedades podría imponer sanciones en caso de que no sea cumplidas sus órdenes, como lo establece el numeral 3 del artículo 86 *ibidem:*
[inicio de cita] Artículo 86. Otras funciones.
Además la Superintendencia de Sociedades cumplirá las siguientes funciones:
(…)
3. Imponer sanciones o multas, sucesivas o no, hasta de doscientos salarios mínimos legales mensuales, cualquiera sea el caso, a quienes incumplan sus órdenes, la ley o los estatutos.

6.1.2. Procedimiento aplicable

Pese a que hay remisión al Código de Procedimiento Administrativo y de lo Contencioso Administrativo, al interior del Decreto 1746 de 1991 se pueden evidenciar ciertas particularidades como es el caso de la caducidad de la acción sancionatoria establecida en el artículo 6 del mencionado Decreto:

> Artículo 6. El término de caducidad de la acción de las infracciones cambiarias será de dos (2) años contados a partir de la ocurrencia de los hechos.
> El anterior término se interrumpirá con la notificación del acto de formulación de cargos y correrá por un (1) año más a partir de dicha notificación. La vía gubernativa se regirá por las disposiciones del Código Contencioso Administrativo.
> El término de prescripción de la sanción que imponga la Superintendencia de Cambios será de tres (3) años contados a partir de la ejecutoria de la providencia que la impuso.
> En las infracciones continuadas, el término de caducidad de la acción se contará a partir de la ocurrencia del último acto constitutivo de la infracción.

Situación que ocurre en otras disposiciones específicas aplicables en el ámbito sancionatorio cambiario competencia de la Superintendencia, esto se puede ver plasmada en el artículo 22 del Decreto 1746 de 1991:

> Artículo 22. En caso de que el infractor se haya allanado totalmente a los cargos, la multa correspondiente no excederá de un 70% del monto de la respectiva infracción, excepto en aquellos casos en que la actuación administrativa se haya iniciado en virtud de disposiciones dictadas en desarrollo de estados de excepción.

---

[24] Así ha sido expresado por parte de la Superintendencia de Sociedades mediante *Diferentes aspectos sobre las funciones de la superintendencia de sociedades,* Oficio 220-089086 (Bogotá: Superintendencia de Sociedades, 2021).

> Parágrafo. El allanamiento expreso y por la totalidad de los cargos formulados por la Superintendencia sólo será válido si lo efectúa directamente el investigado o su apoderado expresamente facultado al efecto y a condición de que el allanado no se encuentre dentro de las previsiones del Artículo 94 del Código de Procedimiento Civil.

6.2. RÉGIMEN SANCIONATORIO COMPETENCIA DE LA DIAN

De acuerdo con potestades extraordinarias otorgadas por el congreso, de conformidad al numeral 10 del artículo 150 de la Constitución Política, mediante el artículo 30 de la Ley 1430 de 2010 el presidente de la república expió el Decreto Ley 2245[25] en el año 2011 "Por el cual se establece el Régimen Sancionatorio y el Procedimiento Administrativo Cambiario a seguir por la Dirección de Impuestos y Aduanas Nacionales", el cual reemplazó el Decreto Ley 1092 de 1994. Como se evidencia por su encabezado, el Decreto 2245 de 2011 no solamente lista las sanciones, además trae un proceso especial que debe ser aplicado por parte de la DIAN.

6.2.1. Operaciones de cambios cuya competencia es de la DIAN

Los numerales 3 y 6 del artículo 3 del Decreto 1742 de 2020, establece las operaciones de cambios y del mercado cambiario cuya competencia es de la DIAN:

> Artículo 3. Funciones generales. Corresponde a la DIAN ejercer las siguientes funciones:
> (...)
> 3. Dirigir, administrar, controlar y vigilar el cumplimiento de las obligaciones tributarias, aduaneras **y cambiarías por importación y exportación de bienes y servicios, gastos asociados a las mismas, financiación en moneda extranjera de importaciones y exportaciones y subfacturación y sobrefacturación de estas operaciones a nivel nacional**, en concordancia con las políticas trazadas en el programa macroeconómico y las políticas generales adoptadas por el Ministerio de Hacienda y Crédito Público y dentro del modelo de gestión institucional (negrillas por fuera del texto original).
> (...)
> 6. Controlar y vigilar las operaciones derivadas del régimen cambiario **que no sean competencia de otra entidad.**

---

25 Mediante Sentencia C-269/22 la Corte Constitucional analizó la constitucionalidad de este Decreto-Ley, encontrándolo ajustado a la constitución.

Es por lo anterior que las potestades sancionatorias ejercidas por la DIAN son tan amplias, situación que además se evidencia en el artículo 3 del Decreto 2245 de 2011, numeral que trae 33 hechos que pueden ser sancionados, siendo el numeral 33 el correspondiente a la sanción residual quedando así un tipo de sanción en blanco.

6.2.2. Hechos sancionables y cuantías

A modo de referencia se listan los títulos de cada grupo de sanciones consagradas en el artículo 3 *ibidem*:

- Declaración de cambio.
- Operaciones canalizables a través del mercado cambiario.
- Operaciones indebidamente canalizadas a través del mercado cambiario.
- Depósito.
- Cuentas de compensación.
- Incumplimiento de las obligaciones de solicitar la autorización previa al Banco de la República; o de registrar, reportar, transmitir, actualizar o informar directamente a dicha Entidad o a través de los intermediarios del mercado cambiario.
- Compra y venta de manera profesional de divisas en efectivo y cheques de viajero.
- Transferencias de dinero no autorizadas. Operaciones financieras y pagos no autorizados de operaciones internas en moneda extranjera. Operaciones de derivados.
- Entrada o salida del país de dinero en efectivo y de títulos representativos de dinero.
- Hoteles y agencias de turismo.
- Presentación de documentos e información a la Dirección de Impuestos y Aduanas Nacionales, DIAN, como entidad de control y vigilancia del cumplimiento del régimen cambiario.
- Sanción residual.

Dentro de los diversos títulos citados es posible hallar múltiples sanciones y cuantías, las cuales van desde las 25 Unidades de Valor Tributario, hasta el 100 % de las sumas "indebidamente canalizadas".

6.2.3. Responsabilidad objetiva

Es lapidario el artículo 35 del Decreto 2245 de 2011 al decir lo siguiente "**artículo 32. Responsabilidad objetiva**. En todos los casos la responsabilidad resultante de la violación al régimen cambiario, así como la que se desprenda de los eventos previstos por el numeral 32 del artículo 3° del presente decreto, es objetiva".

Cuando se habla de "responsabilidad objetiva", a lo que se hace referencia es a la exclusión del dolo o la culpa al momento de realizar el análisis de las situaciones que dan origen a la sanción, pero ello no degenera en la inconstitucionalidad de la norma indicada o violación de derechos constitucionales, como ha expresado la Corte Constitucional mediante Sentencia C-010 de 2003:

> Finalmente, debe precisarse que en el ámbito del régimen cambiario se pretende alcanzar una finalidad de carácter político que consiste, básicamente, en la protección del orden público económico. Es en desarrollo de este objetivo que el Estado impone deberes a quienes ejecuten actos, contratos y operaciones en el mercado cambiario, cuyo control, para que sea oportuno y eficaz, demanda total objetividad por parte de la administración, lo cual no se lograría si la efectividad del régimen sancionatorio en esta materia dependiera de la demostración de factores subjetivos como el dolo y la culpa, sin descontar, claro está, que ciertas actividades solamente son ejercidas por personas jurídicas como es el caso de los intermediarios del mercado cambiario, que según las voces del artículo 8° de la Ley 9ª de 1991 son las instituciones financieras o entidades que tienen por objeto exclusivo realizar operaciones de cambio, respecto de quienes obviamente no sería posible adelantar un juicio de culpabilidad.
>
> La circunstancia de que las sanciones impuestas a los infractores del régimen cambiario excluyan la prueba de factores subjetivos propios de las conductas delictivas, como son el dolo y la culpa, no significa el desconocimiento del debido proceso, pues la imposición de las condignas sanciones no se hace de plano y sin procedimiento alguno sino previo el agotamiento de un debido proceso en el que la administración le debe demostrar al investigado la comisión de una infracción al estatuto de cambios, que de ser cierta conlleva la formulación de cargos al posible infractor con el fin de que una vez notificado de ella exponga las razones de su defensa. Además, en la aplicación de tales sanciones se deben respetar otros principios generales propios del derecho penal, como por ejemplo el principio de la legalidad *nullum crimen sine lege, nulla poena sino lege*; o el principio de la favorabilidad, según el cual la ley posterior se aplica de preferencia a la ley anterior cuando es favorable al inculpado.
>
> Igualmente, el hecho de que la administración al adelantar el procedimiento sancionatorio en materia cambiaria no tenga que entrar a demostrar elementos de orden subjetivo relacionados con la conducta del infractor no quiere significar que a éste se le esté desconociendo su presunción de inocencia, pues ha quedado establecido que aquella no puede proceder a la imposición

de sanciones económicas sin que previamente haya adelantado un trámite en el cual, quien ha violado el régimen de cambios tenga la oportunidad de expresar las razones por las cuales considera que no es responsable de la infracción que se le endilga. No sobra recordar que sobre el particular la jurisprudencia ha expresado que "la presunción de inocencia sólo puede ser desvirtuada mediante una mínima y suficiente actividad probatoria por parte de las autoridades represivas del Estado. Este derecho fundamental se profana si a la persona se le impone una sanción sin otorgársele la oportunidad para ser oída y ejercer plenamente su defensa".

6.2.4. *Principio de favorabilidad*

La favorabilidad en lo que respecta al procedimiento cambiario fue abordado por parte del Consejo de Estado, al indicar que se trata de una garantía de carácter constitucional de la siguiente forma:

> g. En el anterior contexto, en esta providencia la Sección Primera unifica su criterio en el sentido de señalar que el principio de favorabilidad es aplicable en las actuaciones administrativas dirigidas a sancionar las infracciones al régimen cambiario, por tratarse de una garantía mínima del debido proceso, el cual es un derecho constitucional fundamental que debe operar no solo en las actuaciones judiciales sino en toda clase de actuaciones administrativas[26].

Ahora, lo que resulta más novedoso de la Sentencia de Unificación citada es que permite que sea aplicada favorabilidad cuando hay eliminación o variación de requisitos o formularios, como se puede ver a continuación:

> c. Esta modificación normativa se adoptó luego de proferirse en este asunto el Auto de Cargos (de fecha 20 de septiembre de 2010) pero con anterioridad a la fecha en que la Superintendencia de Sociedades[27] decidió la investigación administrativa cambiaria a través de la Resolución número 230-0124470 del 2 de agosto de 2011 proferida por la Coordinadora del Grupo de Inversión y Deuda Externa de esa entidad, en la que sancionó a la sociedad inversionista extranjera GRUPO MCM S.A. DE CV con una multa de $342.692.400.00.
> De esta forma, cuando se impuso la sanción a la demandante la conducta por la cual fue sancionada, esto es, el registro extemporáneo de la operación de inversión extranjera mediante la presentación del Formulario No. 11, no

---

26 Consejo de Estado. Sentencia de Unificación, Radicación n.° 05001-23-33-000-2013-00701-01. C. P. Guillermo Vargas Ayala, (4 de agosto de 2016).

27 Pese a que en el asunto analizado por parte del Consejo de Estado quien tenía la potestad de imponer la sanción era la Superintendencia de Sociedades, se entiende que la favorabilidad también resulta aplicable en procesos adelantados ante la DIAN.

> constituía infracción cambiaria, aunque sí lo era cuando se presentó dicha circunstancia, esto es, para el mes de octubre de 2008.
> d- En el anterior contexto, encuentra la Sala que la Superintendencia de Sociedades desconoció lo dispuesto en el artículo 29 de la C.P. al no aplicar el principio de favorabilidad en la actuación administrativa sancionatoria que adelantó contra la sociedad GRUPO MCM S.A. DE C.V., puesto que para la fecha en que le impuso la sanción de multa demandada el registro extemporáneo de la operación de inversión extranjera que realizó no constituía una infracción cambiaría a la luz de lo reglado en el Decreto 4800 de 2010, norma que modificó el Decreto 2080 de 2000 y que le debió aplicar por serle más favorable.

Así las cosas, el Consejo de Estado abrió las puertas a que modificaciones que antes se tenían como de carácter sustancial, impidan la aplicación de sanciones al eliminar obligaciones.

6.2.5. Caducidad de la acción sancionatoria

El artículo 5 del Decreto 2245 de 2011, establece que el término de caducidad de la acción sancionatoria es de cinco años, a diferencia de los dos años establecidos en el Decreto 1746 de 1991 y los tres años que antes establecía el artículo 4 del Decreto 1092 de 1996. El artículo en mención tiene la siguiente redacción:

> Artículo 5. Prescripción de la acción sancionatoria. La imposición de sanciones cambiarias requiere la formulación previa de un acto de formulación de cargos a los presuntos infractores, el cual deberá notificarse dentro de los cinco (5) años siguientes a la fecha en que ocurrieron los hechos constitutivos de infracción.
> En las infracciones continuadas, vale decir, en los casos en que con varias acciones u omisiones se viole una misma norma cambiaria, así estas se ejecuten en momentos diferentes, el término de prescripción se contará a partir de la ocurrencia del último hecho constitutivo de la infracción. No se considerará como infracción continuada el incumplimiento de plazos o términos legales señalados por las normas constitutivas del régimen cambiario.
> Dentro de los dos (2) años siguientes al vencimiento del término de respuesta al acto de formulación de cargos deberá expedirse y notificarse la resolución sancionatoria o de terminación de la investigación, según sea el caso, previa la práctica de las pruebas a que hubiere lugar.
> La prescripción deberá decretarse de oficio o a solicitud del interesado.

Este término tiene otros efectos al interior de la normativa cambiaria, pues quien realiza la operación de cambios tiene la obligación de conservar y mantener a disposición de la administración los documentos soporte de la operación por lo menos, durante un término igual al de caducidad, que en principio sería de cinco años.

Y se dice en principio, pues en su inciso segundo el citado artículo hace referencia a las "infracciones continuadas" en las que el término de caducidad se comienza a contar a partir del último hecho sancionable, situación problemática si se tiene en cuenta que en la mayoría de las ocasiones los errores o situaciones que derivan en sanciones son replicados a lo largo del tiempo, derivando esto de facto en una ampliación de los cinco años antes mencionados para las infracciones más antiguas.

Los cinco años antes mencionados se interrumpen con el acto de formulación de cargos debidamente notificado por la DIAN, y en ese momento empiezan a correr otros dos años para que la administración decida si impone o no la sanción, los cuales pueden ser suspendidos por otros cuatro o seis meses si son practicadas pruebas en el territorio nacional o por fuera de este.

6.2.6. Sanción mínima

El parágrafo 4 de artículo 3 del Decreto 2245 de 2011 establece dos sanciones mínimas dependiendo de la infracción cometida, además de un incremento en caso de reincidencia. El parágrafo en mención cuenta con el siguiente texto:

> Parágrafo 4°. La sanción a proponer para cada uno de los tipos de infracción señalados en los numerales 2 a 5 y 7 a 10 del presente artículo no podrá ser inferior, en ningún caso, al equivalente a doscientas (200) Unidades de Valor Tributario (UVT), y se incrementará en una tercera parte (1/3) si el infractor ya había sido sancionado por alguno de estos mismos tipos de infracción mediante acto administrativo en firme, dentro de los cinco (5) años anteriores a la fecha de expedición de la resolución sancionatoria correspondiente.
> La sanción de multa a proponer para los tipos de infracción señalados en los demás numerales de este artículo no podrá ser inferior, en ningún caso, al equivalente a veinticinco (25) Unidades de Valor Tributario (UVT).
> Los numerales a los que se refiere el primer inciso son los siguientes:
> 2. Por efectuar o recibir pagos por el mercado no cambiario cuando fueran de obligatoria canalización.
> 3. Por extinguir obligaciones del mercado cambiario por medios diferentes a los autorizados en el régimen cambiario.
> 4. Por canalizar a través del mercado cambiario un valor inferior al consignado en los documentos de aduana.
> 5. Por no canalizar a través del mercado cambiario el valor real de la operación efectivamente realizada.
> 7. Por canalizar a través del mercado cambiario como operaciones de comercio exterior o sus financiaciones, sumas de dinero que no se correspondan con estas operaciones.
> 8. Por canalizar a través del mercado cambiario un valor superior al consignado en los documentos de aduana.

> 9. Por canalizar a través del mercado cambiario el valor consignado en los documentos de aduana, cuando el valor canalizado sea superior al valor real de la operación.
> 10. Por pagar o reintegrar a través del mercado cambiario por concepto de servicios, montos que no se deriven de estas operaciones.

Como se puede apreciar en los numerales referidos se busca sancionar las indebidas canalizaciones o las diferencias en las canalizaciones que no puedan ser justificadas, y en ellas la sanción que consagra la norma es el 100% de la suma indebidamente canalizada o las diferencias que no se encuentran justificadas. Es también sobre este listado que se aplica el recargo por reincidencia, si el infractor ya había sido sancionado por alguno de estos hechos dentro de los cinco años anteriores.

Respecto a todas las otras sanciones, la sanción mínima a aplicar, es decir, la sanción incluso reducida, no puede ser inferior a 25 unidades de valor tributario. Frente a estas sanciones no se contempla recargo por reincidencia.

6.2.7. Presunción de violación al régimen cambiario

El parágrafo 7 del artículo 3 del Decreto 2245 de 2011 establece lo siguiente:

> Parágrafo 7°. Conforme con el artículo 6° de la Ley 383 de 1997, se presume que existe violación al Régimen Cambiario cuando se introduzca mercancía al territorio nacional por lugar no habilitado, o sin declararla ante la autoridad aduanera, o cuando el valor declarado de las mercancías sea inferior al valor aduanero de las mismas. La sanción se impondrá al obligado a canalizar las respectivas divisas al exterior y será la que corresponda a la infracción cambiaria cometida en cada caso.

Y a su vez el artículo 6 de la Ley 383 de 1997 cuenta con el siguiente texto:

> ARTÍCULO 6o. Control cambiario en la introducción de mercancías. Se presume que existe violación al régimen cambiario cuando se introduzca mercancía al territorio nacional por lugar no habilitado, o sin declararla ante las autoridades aduaneras. En estos eventos el término de prescripción de la acción sancionatoria se contará a partir de la notificación del acto administrativo de decomiso.
> La sanción cambiaria se aplicará sobre el monto que corresponda al avalúo de la mercancía, establecido por la DIAN en el proceso de definición de la situación jurídica.
> Igualmente se presume que existe violación al régimen cambiario cuando el valor declarado de las mercancías sea inferior al valor de las mismas en aduanas. En estos eventos, el término de prescripción de la acción sancionatoria

> se contará a partir de la notificación del acto administrativo de liquidación oficial de revisión de valor.
> La sanción cambiaria se aplicará sobre el monto de la diferencia entre el valor declarado y el valor en aduana de la mercancía establecido por la DIAN en la liquidación oficial de revisión de valor.

Esta figura no se encuentra exenta de críticas, más si se toma en cuenta que por parte de la DIAN se suele imponer una sanción equivalente al 100% de las sumas que se presume, fueron indebidamente canalizadas. Sin embargo, la constitucionalidad del artículo 6 de la Ley 383 de 1997 ha sido revisada por parte de la Corte Constitucional mediante las Sentencias C-231 de 1998 y C-099 de 2003, siendo en ambas ocasiones declarados exequibles los apartes demandados.

Pese a que se trate de una presunción, es una presunción legal que permite prueba en contrario como ha sido aceptado por pare de la DIAN en el aparte 2.5.15. del Concepto General Unificado en Materia Cambiaria No. 0086 del 22 de junio de 2022:

> La presunción de infracción cambiaria contemplada por el artículo 6 de la Ley 383 de 1997, modificado por el artículo 72 de la Ley 488 de 1998, es una típica presunción iuris tantum que admite prueba en contrario, razón por la cual, si el presunto infractor demuestra de manera efectiva que cumplió con las obligaciones cambiarlas inherentes a la importación de las mercancías, resulta obvio que no habrá lugar a la imposición de sanción por infracción cambiaria derivada de la citada presunción, (aunque la mercancía haya sido objeto de decomiso por defectos procedimentales aduaneros), debiendo la administración en consecuencia finiquitar el correspondiente proceso cambiario conforme a las pruebas allegadas, no solo por haberse desvirtuado la citada presunción, sino en acatamiento a los mandatos fundamentales del respeto al debido proceso y al derecho de defensa consagrado en el artículo 29 de nuestra Constitución Política.
> Así las cosas, en el caso de la presunción de infracción cambiaria, su aplicación no determina obligatoriamente la imposición de la sanción, pues esta presunción solo constituye un elemento indiciario para determinar la eventual responsabilidad del presunto infractor, que admite prueba en contrario dentro del correspondiente proceso que se adelante, al considerarse una presunción iuris tantum.

6.2.8. Procedimiento Sancionatorio

El procedimiento establecido en el Decreto 2245 de 2011 puede ser esquematizado de una forma bastante general de la siguiente forma:

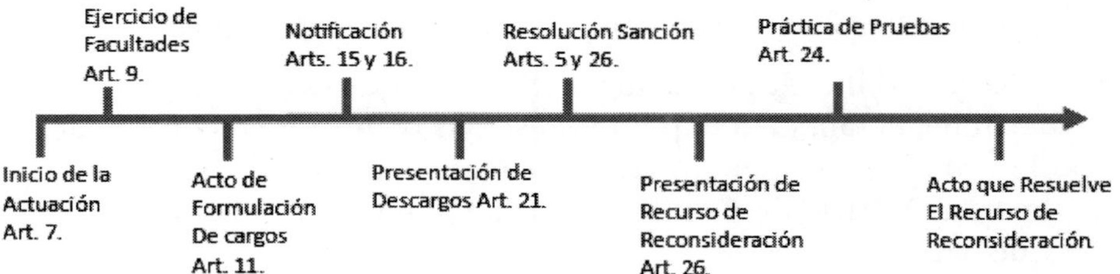

Figura 1. Esquema de procedimiento sancionatorio cambiario

Fuente: Elaboración propia.

- El impulso inicial que consagra el artículo 7 y con el cual se comienza con la actuación administrativa puede darse por varias situaciones, desde el traslado de otras autoridades, hasta "cualquier otro medio que ofrezca credibilidad.
- Las facultades contempladas en el artículo 9 que pueden ser ejercidas por DIAN son bastante amplias y varían dependiendo del proceso. Estas pueden ir desde solicitudes de documentos, hasta la retención de divisas, pasando por visitas administrativas y otras tantas (el listado trae once facultades las cuales pueden ser consideradas bastante amplias).
- El acto de formulación de cargos es el que interrumpe el término de caducidad de la acción cambiaria, y a través de este acto se le hará saber al posible infractor cuáles fueron los hechos jurídicos y facticos que dan lugar a la posible imposición de infracciones.
- Una vez es expedido por la DIAN el acto de formulación de cargos se procede a notificar dicha actuación, lo cual se hace mediante el envío del acto de cargos a la dirección informada por el contribuyente en su RUT, o a la que haya solicitado le sea enviada la comunicación, o en su defecto, la que logre establecer la DIAN. En caso de ser devuelta por no coincidir la dirección con la del administrado, se procederá a publicar el aviso en la página web en los términos del artículo.
- Cuando el posible infractor recibe el acto de formulación de cargos, tiene un término de dos meses a partir del día siguiente al cual se recibió el acto para presentar los descargos correspondientes, de conformidad al artículo 21.

- Una vez vencido el término de dos meses mencionado en el acápite anterior, la administración cuenta con un término de dos años para emitir la Resolución Sanción, si lo considera pertinente.
- Una vez notificada la Resolución Sanción, que es el acto que impone la multa, el sancionado podrá presentar recurso de reconsideración dentro del mes siguiente. Este recurso debe presentarse por escrito ante la División de Gestión Jurídica competente o la dependencia que haga sus veces.
- Dentro del término de siete meses, el cual es prorrogable en el evento de decreto de pruebas de conformidad con el artículo 24 del Decreto, deberá la DIAN expedir la Resolución que Resuelva el Recurso de Reconsideración.

Una vez ejecutoriado el acto que impone la sanción, la administración tiene un término de cinco años para ejercer el cobro. Vale la pena mencionar que en este escenario se aplica por remisión legal expresa del artículo 38 del Decreto 2245 de 2011, se aplica el procedimiento para el cobro del Estatuto Tributario que establece en su artículo 829 los siguiente:

> Artículo 829. Ejecutoria de los actos. Se entienden ejecutoriados los actos administrativos que sirven de fundamento al cobro coactivo:
> 1. Cuando contra ellos no proceda recurso alguno.
> 2. Cuando vencido el término para interponer los recursos, no se hayan interpuesto o no se presenten en debida forma.
> 3. Cuando se renuncie expresamente a los recursos o se desista de ellos, y
> 4. Cuando los recursos interpuestos en la vía gubernativa o las acciones de restablecimiento del derecho o de revisión de impuestos se hayan decidido en forma definitiva, según el caso.

6.2.9. Pago de Sanción Reducida

En el régimen sancionatorio cambiario opera un sistema de disminución de la sanción dependiendo del momento en el cual se decida reconocer la comisión del hecho sancionable de la siguiente forma:

- Será reducible al 40 % si es realizado previo a visitas o requerimientos por parte de la DIAN.
- Si se realiza una vez recibido el acto de formulación de cargos, se reducirá la sanción al 60 %.
- Y en caso de que se realice dentro del término para para presentar el recurso de reconsideración, la sanción se reducirá al 75 %.

Ahora, para que opere la reducción consagrada en el artículo 23 del Decreto 2245 de 2011 es necesario que infractor reconozca la comisión del hecho sancionable por escrito, especificando las operaciones u obligaciones sobre las cuales se hace el reconocimiento y acompañando las pruebas de estas situaciones; además con el escrito se debe anexar el recibo de pago de la sanción reducida.

6.2.10. Silencio administrativo positivo

Como se mencionó en puntos anteriores, cuando se presenta el recurso de reconsideración tiene la administración el término de siete meses, los cuales pueden ser prorrogables por las siguientes causas de conformidad con los artículos 29, 23 y 6 del Decreto 2245 de 2011:

- Cuando exista decreto de pruebas, en cuyo caso dependiendo de si estas deben ser efectuadas en el territorio nacional o en el exterior, la suspensión será de cuatro o seis meses respectivamente.
- Cuando el sancionado se haya acogido a sanción reducida, en este escenario durante los cuatro meses que tiene la administración para pronunciarse, se entenderá que el término habrá sido suspendido.
- Cuando exista alguna causal de impedimento o recusación en cabeza del de los funcionarios que deban realizar diligencias investigativas, practicar pruebas o proferir decisiones definitivas dentro del procedimiento administrativo cambiario; caso en el cual la suspensión será igual al tiempo que sea necesario para agotar el trámite de recusación o impedimento.

Ahora bien, en caso de que pase el término de siete meses con sus respectivas suspensiones sin que la DIAN decida de fondo, de conformidad con el artículo 30 del Decreto 2245 de 2011, se entenderá que la administración ha decidido de fondo en favor del recurrente.

Referencias

Acosta Ramos, Carolina. "Introducción al régimen cambiario colombiano". En *Régimen cambiario e inversión extranjera en Colombia,* Carolina Acosta Ramos (ed.) Bogotá: Universidad Externado de Colombia, 2019.

Congreso de Colombia. Ley 1437 de 2011: Por la cual se expide el Código de Procedimiento Administrativo y de lo Contencioso Administrativo [CPACA].

Congreso de Colombia. Ley 9 de 1991: Por la cual se dictan normas generales a las que deberá sujetarse el Gobierno Nacional para regular los cambios internacionales y se adoptan medidas complementarias (Diario Oficial 39 634 1991).

Congreso de Colombia. Ley 1004 de 2005: Por la cual se modifican un régimen especial para estimular la inversión y se dictan otras disposiciones (Diario Oficial 46 138 2005).

Corte Constitucional de Colombia. Sentencia C-269 de 2022. M. P. Jorge Enrique Ibáñez Najar (28 de julio de 2022).

Corte Constitucional de Colombia. Sentencia C-010 de 2003. M. P. Clara Inés Vargas Hernández (23 de enero de 2003).

Junta Directiva del Banco de la República. *Asunto10: Procedimientos aplicables a las operaciones de cambio.* DCIP-83. Bogotá: Banco de la República, 2023. https://www.banrep.gov.co/es/normatividad/boletines-junta-directiva/36-2023.

Junta Directiva del Banco de la República. *Régimen de cambios internacionales.* Resolución 1 de 2018. Aprobado el 25 de mayo de 2018. https://www.banrep.gov.co/sites/default/files/reglamentacion/compendio-res-ext-1-de-2018.pdf.

Presidente de la República de Colombia. Decreto 2245 de 2011: Por el cual se establece el Régimen Sancionatorio y el Procedimiento Administrativo Cambiario a seguir por la Dirección de Impuestos y Aduanas Nacionales. (28 de junio de 2011).

Presidente de la República de Colombia. Decreto 663 de 1993: Por medio del cual se actualiza el Estatuto Orgánico del Sistema Financiero y se modifica su titulación y numeración. (5 de abril de 1993).

Presidente de la República de Colombia. Decreto 1746 de 1991: Por medio del cual se establece el Régimen Sancionatorio y el Procedimiento Administrativo Cambiario a seguir por la Superintendencia de Cambios. (04 de julio de 1991).

Presidente de la República de Colombia. Decreto 1736 de 2020: Por el cual se modifica la estructura de la Superintendencia de Sociedades. (22 de diciembre de 2020).

Presidente de la República de Colombia. Decreto 1742 de 2020: Por el cual se modifica la estructura de la Unidad Administrativa Especial Dirección de Impuestos y Aduanas Nacionales. (22 de diciembre de 2020).

Presidente de la República de Colombia. Decreto 119 de 2017: Por el cual se modifica el Decreto 1068 de 2015 en lo relacionado con el régimen general de la Inversión de capitales del exterior en Colombia y de las inversiones colombianas en el exterior y se dictan otras disposiciones en materia de cambios internacionales. (26 de enero de 2017).

Presidente de la República de Colombia. Decreto 1165 de 2019: Por el cual se dictan disposiciones relativas al Régimen de Aduanas en desarrollo de la Ley 1609 de 2013. (02 de julio de 2019).

Presidente de la República de Colombia. Decreto 1881 de 2021: Por el cual se adopta el Arancel de Aduanas y otras disposiciones. (30 de diciembre de 2021).

Presidente de la República de Colombia. Decreto extraordinario 624 de 1989: Por el cual se expide el Estatuto Tributario de los impuestos administrados por la Dirección General de Impuesto Nacionales. (30 de marzo de 1989).

República de Colombia. Constitución política de Colombia 1991.

Rodríguez Calero, Carlos Andrés. "Obligaciones cambiarias en operaciones de comercio exterior". En *Régimen cambiario e inversión extranjera en Colombia,* Carolina Acosta Ramos (ed.) Bogotá: Universidad Externado de Colombia, 2019.

Superintendencia de Sociedades. *Asignación y delegación de funciones.* Resolución 100-000040. Aprobado el 8 de enero de 2021.

Uribe Escobar, José Darío, ed. *Historia del banco de la república, 1923-2015.* Bogotá: Banco de la República, 2017. https://repositorio.banrep.gov.co/bitstream/handle/20.500.12134/9325/LBR_2017-10.pdf?sequence=1&isAllowed=y.